ELOGE HISTORIQUE

DE

L'ABBÉ DE L'EPÉE.

S^t.-QUENTIN.

MOUREAU FILS, IMPRIMEUR DU ROI.

ELOGE HISTORIQUE

DE

L'ABBÉ DE L'EPÉE,

FONDATEUR

DE L'INSTITUTION DES SOURDS-MUETS,

DISCOURS

QUI A OBTENU (SOUS LE N°. 14) LE SECOND PRIX PROPOSÉ PAR LA SOCIÉTÉ ROYALE ACADÉMIQUE DES SCIENCES DE PARIS;

Par M. BAZOT,

MEMBRE DE L'ATHÉNÉE DES ARTS, ETC.

SECONDE ÉDITION,

CORRIGÉE, ET AUGMENTÉE DE QUELQUES DÉVELOPPEMENS, NOTES HISTORIQUES, ETC.

ET D'UNE

LETTRE DE M. PAULMIER,

ÉLÈVE ET ADJOINT DE M. L'ABBÉ SICARD.

—

PARIS.

BARBA, LIBRAIRE,

PALAIS-ROYAL, DERRIÈRE LE THÉATRE FRANÇAIS, N°. 51.

—

1819.

AVERTISSEMENT

SUR CETTE NOUVELLE ÉDITION.

La bienveillance avec laquelle le Public a accueilli cet Ouvrage, m'a déterminé à en publier une nouvelle édition ; mais, pour le rendre plus digne d'un intérêt si flatteur, aidé des avis de plusieurs Personnes instruites, je l'ai revue avec soin ; j'ai ajouté diverses notes historiques ou morales, et donné quelques détails sur trois sourds-muets célèbres de l'Institution de Paris, MASSIEU, CLERC et BERTHIER.

Dans une note de la première édition de ce Discours, j'avais cité avec éloge M. PAULMIER, élève de M. l'abbé SICARD, professeur, depuis quinze ans, à l'Institution, et favorablement connu du Public par plusieurs dissertations de beaucoup de mérite, insérées dans le Moniteur, dans le Journal des Débats, dans la Gazette de France, etc. M. Paulmier a bien voulu me témoigner sa gratitude de cette mention officieuse, en m'adressant, sous la forme *d'une lettre, une dissertation fort étendue, qui me paraît renfermer des documens précieux sur la méthode employée à l'Institution de Paris pour l'instruction des Sourds-Muets, et présenter un aliment substantiel et agréable à une curiosité studieuse.*

J'ose espérer que cette nouvelle édition sera, comme la précédente, reçue avec indulgence et bonté.

ELOGE HISTORIQUE

DE

L'ABBÉ DE L'EPÉE,

FONDATEUR

DE L'INSTITUTION DES SOURDS-MUETS.

Que le nom de l'Epée sera cher à la classe nombreuse de ces infortunés à qui il donna un nouvel être, une nouvelle vie ! Ils le béniront à jamais comme leur père, et la postérité reconnaissante s'unira à eux pour honorer sa mémoire, et pour la recommander au respect et au culte de toutes les générations.

M. l'Abbé SICARD, *Cours d'Instruction d'un Sourd-Muet de naissance.*

SI l'homme est vraiment digne de son illustre origine, s'il mérite l'insigne honneur de laisser après lui un immortel souvenir, c'est lorsqu'il joint une grande vertu à un heureux génie.

Il est des hommes justement fameux et qui ont rempli l'univers de leur nom et de la solide gloire qu'ils avaient acquise : des princes, l'amour des peuples qu'ils gouvernaient, un *Titus*, un *Henri-le-Grand*; des législateurs et des hommes d'état, tels que *Solon*, *Lycurgue*, *l'Hôpital* et *Sully*; des sages, les *Socrate*, les *Caton*, les *Las Casas* (1), les *Fénélon*, les *Malesherbes*.... (2) Mais, en est-il qui méritent mieux l'affection et la reconnaissance de leurs semblables que les apôtres ou les bienfaiteurs de l'humanité, les *Vincent de Paule* et les *de l'Epée?*

La religion et la reconnaissance publique ont consacré le nom de *Vincent de Paule*. Celui de *l'Epée* n'a point encore reçu du temps le caractère indélébile qu'il a mérité, que ses contemporains, juges équitables, lui ont imprimé à l'avance, et que confirmeront les siècles à venir.

Oui ! le nom de *l'Epée* est immortel ! la France le cite avec orgueil, l'Europe l'admire, et le Nouveau-Monde l'a en vénération (3).

Que d'unanimes actions de grâces soient rendues à la Société Royale Académique des Sciences de Paris ! En proposant l'Eloge de l'Abbé de l'Epée, cette savante Société fait connaître son esprit libéral; (4) elle prévient les vœux des amis de l'humanité ; elle fournit un digne sujet à l'écrivain dont il enflammera le zèle. Heureux ceux qui paraîtront dans la lice, n'eussent-ils que l'honneur d'avoir concouru !

Dans une si noble carrière, celui-là qui remporte le prix n'est pas seul digne de louanges. Ses concurrens partagent avec lui la gloire du concours, jouissent dé son triomphe qu'ils ont ambitionné, et présentent avec un juste orgueil leurs titres moins heureux, mais non moins estimables.

PREMIÈRE PARTIE.

Commencer l'éloge de l'illustre Fondateur de l'Institution des sourds-muets, par rendre un pur hommage à la mémoire de son vénérable père, c'est sans doute, dès le début, captiver l'attention, mériter l'intérêt, et s'assurer d'une continuelle bienveillance.

Puisse cette espérance flatteuse n'être point trompée !

M. de l'Epée, ce chef d'une famille recommandable par des vertus héréditaires, excellent époux, bon père, parfait citoyen, ne cherchait dans l'exercice d'un état honorable, que la considération publique et le maintien d'une existence aisée. Architecte du Roi, il pouvait, faisant servir cette distinction flatteuse à une ambition vulgaire, cacher l'égoïsme qui trop souvent ronge le cœur humain, sous l'apparence respectable de l'intérêt légitime de sa famille; tenter de hasardeuses entreprises; briguer des places lucratives; accroître, par des moyens que ne devine pas ou que ne réprouve pas toujours l'opinion publique, une fortune qu'il eût employée ensuite à satisfaire ses passions.

Eclairé sur ses devoirs, sur ses véritables intérêts, M. de l'Epée ne franchit jamais les limites tracées par la raison. Il imprima son caractère à tout ce qui l'entourait, et c'est sous ces favorables auspices que naquit, à Versailles, le 25 novembre 1712, CHARLES-MICHEL DE L'EPÉE.

La naissance de cet enfant, hommes sages de toutes les religions, vous aimerez à le croire, fut un don de la Providence qui voulait récompenser une vertueuse famille, lui donner un éclat durable, et faire servir l'un de ses membres à prouver de nouveau que si les crimes et les vices annoncent la corruption de nos mœurs, il peut naître dans tous les temps des hommes destinés à soulager les misères humaines, et à réconcilier le ciel avec la terre.

Confiant dans les soins maternels, le père de famille s'occupe peu des premières années de ses enfans : c'est au moins une imprudence. L'enfance, plante faible, mais favorisée de racines vigoureuses, ne prospère que par les soins d'un cultivateur habile ; il doit veiller sur elle avec une continuelle sollicitude, préparer et suivre ses développemens, et, dans l'intérêt de sa force et de sa beauté, la dégager avec soin des herbes parasites ou nuisibles. L'indulgence maternelle, que le cœur excuse et que la raison condamne, est fatale à l'enfance, parce que cette indulgence est toujours extrême. Un père prudent doit donc ne jamais perdre de vue son fils ; il doit étudier ses goûts naissans, ses sentimens encore incertains ; observer toutes ses actions, former de bonne heure son jugement, surveiller son langage, se montrer égal, juste, indulgent et sévère à propos; enfin, offrir à cet élève chéri le vivant miroir où se réfléchira son image.

Cette conduite fut celle de M. de l'Epée. Ses bons exemples, ses excellens préceptes, sa surveillance infatigable, obtinrent les plus étonnans succès. Si la bonté, la complaisance, le zèle étaient sans bornes de sa part, le jeune de l'Epée y répondait avec non moins d'intérêt et d'amour, par sa docilité et par sa pénétration. Ami de son père, plutôt que son élève, il recueillait avec une espèce d'avidité les préceptes de sagesse dont il comprenait sans effort la haute importance, signe certain qu'il unirait ses propres vertus aux vertus des auteurs de ses jours, et en formerait dans son cœur un faisceau que ne pourraient rompre les charmes du vice, caché sous des dehors aimables, ou les plaisirs frivoles de la société.

L'éducation publique du jeune de l'Epée ne fut pas moins heureuse que celle qu'il avait reçue dans la maison paternelle. Il étudiait pour suivre la carrière des sciences; mais ses parens et ses maîtres reconnurent bientôt sa vocation invincible. Loin de s'opposer aux dispositions de son fils, M. de l'Epée les fortifia par son approbation et ses conseils, et renonça au projet qu'il avait formé de le diriger dans une autre carrière.

Avec quelle joie ineffable le jeune de l'Epée apprit que la volonté de ses parens, qu'il eût respectée, n'était point contraire à sa vocation! L'esprit dégagé de toute inquiétude, il se prépara à recevoir la première initiation ecclésiastique, et ne crut pas devoir s'y disposer avec moins de ferveur et de vertus qu'il n'en faut pour mériter et obtenir le sacerdoce.

Le ministère des autels est le plus auguste et le plus saint des états. Il faut, pour l'exercer dignement, y être appelé par un penchant irrésistible; il faut ne céder qu'à son cœur; il faut avoir un esprit juste, une âme forte; il faut, je dirai ma pensée tout entière, être doué de vertus surhumaines.

Quoi! dans l'âge heureux où l'homme, fidèle à la nature, éprouve des sensations dont il n'avait eu jusqu'alors qu'une faible idée; lorsque son imagination, séduite par les rêves enchanteurs d'un brillant avenir, se berse des plus riantes chimères; lorsque ses études comme son cœur lui ont appris que tout ce qui respire aime et veut être aimé, il fait une abnégation volontaire de ses sentimens, de sa personne; il renonce au monde et à ses jouissances pures; il fuit pour toujours un sexe à qui il doit sa mère, un sexe qui lui aurait donné une épouse, une chaste amie! Il se sépare sans regret, sans craindre le repentir, de la plus belle et de la plus parfaite moitié du genre humain!

Qu'il renonce aux vanités, aux plaisirs du monde, qu'il s'isole, de nombreux exemples justifieront sa résolution; mais que sa retraite soit embellie de la présence d'une femme.......; qu'un cœur, digne du sien, puisse partager ses chagrins et ses plaisirs......;

malade, qu'une femme lui prodigue ses soins et le console....; qu'elle l'aide convalescent....; plus généreuse encore, qu'elle lui ferme les yeux... Sentimens mondains, fuyez de l'âme du jeune néophyte; auguste religion, éclaire, embrase son cœur, fortifie ses faibles esprits, et dédommage-le par tes jouissances célestes du bonheur d'aimer et d'être aimé, qu'il te sacrifie !

C'est au moment où le jeune de l'Epée va sentir tout le prix de son existence, c'est à DIX-SEPT ANS qu'il renonce à être homme, pour n'avoir plus que les vertus apostoliques.

Des études faites avec fruit, un goût prononcé pour la retraite et la méditation, une foi vive, une piété exemplaire lui donnaient la douce confiance qu'il obtiendrait les premiers degrés du sacerdoce. Il fut trompé dans son attente, parce qu'il refusa de signer une *formule* que ses principes religieux ne pouvaient admettre. Forcé, par un motif si délicat, de renoncer à la récompense que méritaient ses vertus et ses lumières, il rentra dans la société, et eut le bonheur d'y rester inconnu.

Oh ! que la liberté à laquelle il était rendu lui était à charge, et combien de fois il regretta son cher esclavage !

Cependant, un homme dont le cœur était tout amour pour l'humanité ne pouvait se plaire dans un repos stérile, ou se livrer à des travaux qui auraient pour objet unique son intérêt particulier: il fit un choix digne de lui.

Le noble privilége de défendre le faible que l'on opprime, de soutenir les droits de la veuve et de l'orphelin, l'espoir de conserver dans l'une des premières et des plus honorables professions, la simplicité et la pureté de ses mœurs, déterminèrent le jeune de l'Epée à consacrer tous ses momens à l'étude des lois. Ses progrès furent rapides : son cœur secondait son esprit. Il soutint avec un rare talent l'examen qu'il dût subir, et obtint, après avoir prêté le serment d'usage, le diplôme d'avocat au parlement de Paris.

L'éloquence du barreau convenait peu à son esprit ennemi de ces ornemens oratoires sous lesquels la vérité conserve rarement sa simplicité auguste, ornemens vains ou dangereux, toujours condamnables, et que l'austérité des mœurs d'un peuple célèbre avait fait défendre aux orateurs de Lacédémone. (5) Le jeune jurisconsulte, qui ne s'était jamais mépris sur ses véritables dispositions, renonça au barreau. La paix des autels, dit un écrivain qui l'a loué après sa mort, (6) convenait à son génie, et ses vertus célestes l'appelaient au ministère des mœurs.

Ce fut avec une ardeur nouvelle et une ferveur peut-être plus prononcée, que l'abbé de l'Epée reprit ses premières études. Recommandé par ses supérieurs à l'évêque de Troyes, neveu du grand Bossuet, il reçut de ce vénérable prélat l'accueil le plus flatteur. Digne, par ses vertus, du nom célèbre qu'il portait, M. Bossuet sut reconnaître et récompenser toutes les vertus du saint jeune homme, en lui imposant de ses mains le caractère sacré qu'il implorait avec une profonde humilité; il fit plus. Fier d'attacher à son diocèse un prêtre qui en ferait l'ornement, il le nomma chanoine de l'église de Troyes. L'amitié de l'illustre évêque n'avait rien de mondain. Les vertus de ces deux ministres du Seigneur les plaçaient au même rang. Moins digne de l'occuper, le simple prêtre, quelques années après, devenait l'égal du prélat. (7)

Il serait difficile de se faire une juste idée de l'extrême défiance que le jeune ecclésiastique avait de ses moyens et des devoirs qu'il s'imposait pour remplir, à sa propre satisfaction, l'auguste ministère qui lui était confié.

Le sacrifice de tout intérêt personnel ne coûtait rien à son cœur; sa vie même n'était plus à lui.

Avec quel zèle il remplissait ses devoirs !

En véritable apôtre, il parcourait les campagnes du diocèse; partout où il prêchait la parole divine, il était assuré de captiver les cœurs, et de réconcilier l'homme avec lui-même, en ne lui faisant jamais désespérer de son salut. (8)

Ministre de paix, il n'annonçait point la vengeance céleste, il ne menaçait point le pécheur des supplices éternels.... (9). O mes frères, disait-il, et la tranquillité de son âme se montrait dans la sérénité de ses regards, mettons notre confiance en Dieu. Il est bon, miséricordieux; il récompense la vertu et accueille le repentir. C'est un bon père que nous devons aimer, qui nous aime, nous protége, veille sans cesse sur nous, et, dans les grands périls, nous tend une main secourable ; que la crainte de l'offenser soit toujours dans nos cœurs ; ayons pour lui le plus parfait amour ; sachons lui plaire en supportant avec courage les maux qui affligent la triste humanité, en nous aimant nous-mêmes en bons frères, en remplissant avec persévérance tous les devoirs que la religion et la société nous imposent. Souvenons-nous sans cesse que notre passage sur cette terre de tribulations et de souffrances, doit être marqué par de bonnes œuvres. La première récompense du juste est dans son cœur. Celle de l'homme luttant contre la mauvaise fortune est dans la force que le ciel lui a donnée : nos forces sont toujours proportionnées à nos peines.

C'est dans cet esprit que s'exprimait le vertueux de l'Epée ; c'est par des discours simples et touchans, c'est avec une onction évangélique qu'il montrait aux hommes la voie du salut dans laquelle il marchait lui-même avec une ardeur peu commune.

Religion, guide sûr et consolateur, que tu es grande et magnifique, admirable et salutaire dans le ministre tolérant qui t'enseigne pour le bonheur des hommes ! Hélas ! pourquoi faut-il que notre mémoire fidèle nous rappelle ces temps où des interprètes que tu réprouvais, mais qui se couvraient de ton manteau sacré, nous excitaient au meurtre de nos frères que tu n'éclairais pas, nous prêchaient la haine et la vengeance, et, plus sacri-

léges que ceux qu'ils égaraient, étaient en même-
temps, fauteurs du trouble, accusateurs, juges et
bourreaux !

Dieu, terrible au méchant, retire la lumière du
jour aux êtres pervers qui, s'il était possible encore,
voudraient pour l'horrible triomphe de leur domination furibonde, nous rendre ces temps de barbarie, d'aveuglement et de calamités; crains, si tu
les épargnais, que par leurs crimes et leur audace
impie, et pour notre malheur, ils ne fermassent
nos cœurs aux consolations de ta parole, et notre
esprit aux augustes vérités que la religion nous
enseigne. Périsse plutôt la religion, diraient toujours dans le secret de leur intimité ces insensés
énergumènes, que le pouvoir absolu et universel
de ses ministres......

Défenseur éclairé de la foi, l'abbé de l'Epée
évita toujours les luttes inutiles. On ne le vit point,
orateur avide d'une gloire prophane, frapper des
foudres de son éloquence ces écrivains célèbres
dont il ne repoussait pas les saines doctrines, et
que d'autres, follement présomptueux, combatti-
rent pour obtenir le seul triomphe d'une éclatante
rivalité. Prêtre-citoyen, il aima ses semblables pour
eux-mêmes; il les dirigea par ses conseils, les
soutint de tous ses moyens, et ne perdit jamais
de vue cette leçon de la prudence : *Eclairez, ne
brúlez pas.*

Voilà la vraie religion; elle maintient l'ouvrage
du Dieu qu'elle fait bénir.

2

Après avoir rempli son honorable tâche, M. l'évêque de Troyes mourut. Sa perte fut une calamité pour ses diocésains ; mais, aucun ne regretta aussi vivement l'homme et le ministre supérieurs, que son élève et son ami, le vertueux abbé de l'Epée. Douce amitié ! le cœur, embrasé de tes saintes ardeurs, ne voit dans la perte qu'il fait qu'une séparation momentanée. L'espoir qui lui reste ajoute encore à son énergie.

La Providence voulut dédommager M. de l'Epée d'une si grande perte par les relations plus intimes qu'elle établit entre lui et le respectable SOANEN, évêque de Senez, que quelques personnages puissans de l'église persécutaient pour ses idées religieuses, (10) idées que M. de l'Epée partageait, et qui lui attirèrent les censures et l'inimitié de M. DE BEAUMONT, archevêque de Paris.

Les vertus et la conduite irréprochable du simple et modeste prêtre, ne purent ramener à des dispositions de paix l'orgueilleux et inflexible prélat. Il l'interdit de ses fonctions, et lui refusa même la permission d'entendre au tribunal de la pénitence les jeunes élèves qui lui devaient l'existence morale dont ils commençaient à sentir l'inappréciable bienfait.

C'est dans cette circonstance que M. de l'Epée montra le noble caractère que sait déployer la vertu persécutée. Il supplia son pasteur de se départir d'une sévérité qui lui interdisait les plus saintes fonctions de son ministère ; il l'implora en faveur de ses élèves, que seul il pouvait entendre et diriger....... Deux fois il renouvela ses humbles remontrances.... Humilité superflue ! instances méprisées ! M. de Beaumont garda le silence.... Alors, sans rien perdre de sa dignité, sans exprimer de justes plaintes, l'abbé de l'Epée offrit à son supérieur l'hommage de sa soumission, lui déclarant qu'il regarderait ce silence, s'il était encore prolongé, comme une approbation....... Ce silence approbateur, il l'obtint !

Une telle conduite de la part d'un prélat, que recommandaient d'ailleurs à l'estime publique sa bienfaisance et de rares vertus, ne sera point l'objet de déclamations contre un despotisme si éloigné de l'esprit de l'évangile. Pour louer dignement l'abbé de l'Epée, il suffit d'imiter sa modération.

Mériter dès nos plus jeunes ans l'estime et l'amitié de ceux de qui nous dépendons, qui dépendent de nous ou qui nous entourent; suivre avec fermeté et persévérance la route du bien, tracée par la religion ; remplir avec exactitude nos devoirs, quelque nombreux et difficiles qu'ils soient, c'est montrer une vertu peu commune ; mais, avoir cette vertu à un très-haut degré, se défendre sans cesse de toute exaltation contraire à l'esprit de paix, de concorde et de charité; être humble devant Dieu, modeste avec tous les hommes, n'être sévère que pour soi, reprendre avec douceur les faibles ou les imprudens, aider, servir, instruire, consoler ses semblables, s'efforcer d'atteindre la perfection humaine; voilà, j'ose l'assurer, la plus grande vertu... Ce fut celle de l'abbé de l'Epée.

Après avoir parcouru cette première période d'une belle vie, nous allons voir maintenant le vertueux prêtre devenir, par son génie, l'un des bienfaiteurs de l'humanité.

SECONDE PARTIE.

La seule vertu, quelque supérieure qu'elle soit, ne suffit pas toujours pour faire remarquer dans le monde celui dont elle honore la vie. La vertu, comme la sagesse, fuit l'éclat et le bruit. Si l'homme vertueux est obligé de se rapprocher des hommes dont il voit en gémissant les vices et les travers, aussitôt qu'il peut se retrouver seul avec lui-même, il bénit sa retraite toujours obscure, et met tous ses soins à en éloigner le trouble et la dissipation; satisfait d'avoir été utile à ses semblables, par ses conseils ou ses exemples, il se livre à l'étude ou à la méditation, et goûte un repos salutaire qu'il ne trouve que dans l'asile retiré qu'il s'est choisi. L'archevêque de Cambrai, si grand, si vénérable à la cour des Rois, ne mérita jamais mieux notre admiration que lorsqu'il offrit à ses contemporains, non le prince de l'église terrassé par les disgrâces de l'exil, mais l'homme simple reproduisant dans leur pureté antique, les mœurs et les vertus des plus célèbres patriarches.

L'abbé de l'Epée, dont la vie pastorale fut digne

de celle de Fénélon, aurait vécu et serait mort sans avoir laissé de traces durables de son séjour parmi nous, si la Providence n'eût voulu immortaliser ses vertus privées par tout l'éclat d'un génie bienfaiteur. Un écrivain moraliste, un philosophe (11) a dit : *Les grandes pensées viennent du cœur.* En effet, c'est du cœur de l'abbé de l'Epée que s'est élancé son génie.

Parmi les infirmités qui affligent l'espèce humaine, il en est une qui assimilerait ses victimes aux animaux les plus stupides, si l'homme, à force d'étude, de méditations, de temps et de patience, ne parvenait à la détruire ou à paralyser ses effets : cette infirmité est le MUTISME ou la MUTI-SURDITÉ.

Conduit par la main invisible qui ne s'éloignait jamais de lui, l'abbé de l'Epée voit deux jeunes sourdes-muettes ; il est frappé : son auguste mission lui est révélée. Dès cet instant, il pose les bases d'une des plus belles conquêtes du génie. Généreux, il ne voit que le bien qu'il peut faire, et ne se doute pas que là où est le but est aussi l'immortalité.

Seul, et dans le silence de la retraite, abaissant son front jusque dans la poussière, il s'écrie :

« O mon Dieu ! je suis la plus humble et la plus indigne de vos créatures ; mais, vous avez eu pitié de ma faiblesse, et vous m'avez fortifié. (12) J'ai éprouvé le saint effet de votre inspiration ; votre lumière divine m'a éclairé ; je serai, heureux à jamais d'un si admirable partage, l'instrument passif dont vous vous servirez pour rendre à une portion d'infortunés l'existence spirituelle sans laquelle il n'y a pas de véritable bien. O mon Dieu ! dirigez mon esprit, et bénissez mon zèle. »

Homme vertueux, que tu es grand dans ton humilité !

On sait que le *mutisme* est la suite inévitable de la *surdité*. (13) Le sens de l'ouïe, qui sert à développer les organes de la parole et à les diriger, n'existant point chez les *sourds de naissance*, ces infortunés sont naturellement privés de la parole, parce qu'ils ne pourraient pas entendre les sons qu'ils formeraient. Le *sourd par accident* devient *muet*, parce que ne pouvant plus diriger les sons de sa voix, il renonce à faire usage d'une faculté dont il ne cesse d'apprécier la valeur.

Serait-il donc impossible de suppléer par le sens de la *vue* le sens de l'*ouïe*, lorsque ce sens n'a jamais existé chez l'individu, ou qu'il s'est perdu par quelque accident, et ce sens est-il le seul qui puisse opérer le développement des organes de la parole ?

Ce sont-là sans doute les questions que se firent à eux-mêmes les savans philanthropes qui les premiers s'occupèrent des moyens de rendre la parole aux muets. On voit en effet combien le regard de nos malheureux frères est plus actif, plus pénétrant que le nôtre. Au mouvement de nos lèvres, à l'expression de nos traits, ils cherchent et réussissent souvent à deviner le sens de nos discours.

On prétendit que la *dactylologie*, c'est-à-dire la

science du mouvement et de la position des doigts, pouvait par degrés conduire les sourds à faire usage de la parole, et les mettre en état de composer des signes dans un langage convenu. Cet art, on s'en convainquit bientôt, donne l'*écorce des idées*, mais n'en donne pas la *substance*. Il était réservé à l'abbé de l'Epée de créer le langage universel de l'intelligence avec lequel on peut s'entendre et communiquer dans tous les idiômes de l'univers.

Lorsque M. de l'Epée jeta les fondemens de l'admirable édifice qu'il élevait à l'humanité souffrante, il ignorait que des philanthropes et des savans étrangers s'étaient déjà fait connaître, soit par des tentatives qui n'avaient pas été sans succès, soit par les écrits qu'ils avaient publiés. Il ignorait même qu'un portugais, M. *Pareirès*, établi à Paris, jouissait dans cette ville d'une certaine célébrité comme instituteur des sourds-muets. M. l'abbé de l'Epée en fait ainsi l'aveu avec sa candeur et sa simplicité ordinaires :

« Lorsque je consentis, pour la première fois, à me charger de l'instruction de deux sœurs-jumelles, sourdes et muettes, qui n'avaient pu trouver aucun maître depuis la mort du P. Vanin, (ou Famin) prêtre de la doctrine chrétienne, j'ignorais qu'il y eût dans Paris un instituteur qui depuis plusieurs années s'était appliqué à cette œuvre, et avait formé des disciples. Les éloges donnés par l'Académie (des Sciences) à ses succès, lui avaient acquis de la réputation dans l'esprit de ceux qui

en avaient entendu parler, et sa méthode, avec le
secours de laquelle il réussissait à faire parler plus
ou moins clairement les sourds et muets, avait
été regardée comme une ressource à laquelle on
donnait de justes applaudissemens.

« Il n'en était pas l'inventeur : elle avait été
pratiquée, plus de cent ans avant lui, par M. Wallis
en Angleterre, M. Bonnet en Espagne, (14) et
M. Amman, médecin suisse, en Hollande, qui
même avaient donné sur cette matière d'excellens
ouvrages ; mais, il avait profité de leurs lumières,
et ses talens à cet égard méritaient l'estime qu'ils
lui attiraient.

« Le genre d'études que j'avais suivies de tout
temps, et les occupations auxquelles je m'étais
livré jusqu'alors, ne m'ayant point mis à portée
de connaître aucun de ces illustres auteurs, je ne
pensai pas même à désirer, et encore moins à entreprendre, de faire parler mes deux élèves. Le seul
but que je me proposai fut de leur apprendre à
penser avec ordre, et à combiner leurs idées. (15)
Je crus pouvoir y réussir en me servant de signes
représentatifs assujettis à une méthode (16) dont
je composai une espèce de grammaire.

« M. Pereire (ou Pareirès) et le plus savant de
ses disciples, que je ne connaissais ni l'un ni l'autre,
en furent bientôt informés. Ils regardèrent l'exécution de ce projet comme impossible. (17) »

L'homme audacieux qui n'avait pas craint de se
donner pour l'inventeur d'un art que plusieurs

avant lui avaient professé, ou sur lequel ils avaient écrit, qui rendit la première société savante de l'Europe complice de son subterfuge en obtenant d'elle le titre d'inventeur et l'approbation de sa méthode, qui était à l'apogée de sa gloire, qui se voyait forcé de reconnaître dans l'abbé de l'Epée un rival redoutable, devait mal juger ou dissimuler sa pensée : judicieux et sincère, il arrachait son masque et s'attachait lui-même au char du vainqueur.

Ecoutons bien plutôt un juge dont le nom seul suffit pour captiver l'attention et mériter la confiance.

L'élève et le disciple, le confrère, l'ami, le successeur de l'abbé de l'Epée, M. l'abbé Sicard, s'exprime de cette manière en parlant des tentatives et des succès de son illustre prédécesseur. (18)

« L'idée d'un grand homme est un germe toujours fécond. Toute langue, dit notre philosophe, n'est qu'une collection de signes, comme une suite de dessins d'histoire naturelle est une collection d'images. On peut tout figurer par gestes, comme on peint tout par des couleurs, comme on nomme tout par des mots. Les objets ont des formes, on peut les imiter ; les actions sensibles frappent tous les regards, on doit pouvoir, par des gestes imitateurs, les dessiner et les décrire. Les mots ne sont que des figures de convention; pourquoi les gestes ne le seraient-ils pas aussi ? Il peut donc y avoir une langue de gestes, une langue d'action, comme il y a une langue de sons, une langue parlée.

« Plein de ces idées génératrices, l'abbé de l'Epée ne fut pas long-temps à retourner à cette maison où la plus belle conception, dont l'esprit humain était capable, s'était fécondée dans sa tête. Jamais son âme brûlante n'avait attendu que l'infortune vînt solliciter les secours de sa bienfaisance ; il allait toujours les offrir...... Avec quel transport il fut accueilli ! Il commence, il s'essaie, il dessine, il imite, il tâtonne, il écrit, il efface, il fait écrire. Il croit qu'il n'y a qu'une langue à montrer, et ce sont deux âmes à faire. Il présente des lettres ; on les imite, mais pas une idée n'entre dans ces jeunes têtes. Tout se réduit pour elles au mécanisme du P. Famin. L'abbé de l'Epée écrit des mots et montre des objets à mesure, mais des mots ne sont pas des images, et il n'est pas encore compris.

« Qu'ils furent difficiles ces premiers pas de l'inventeur ! Ce grand homme, trop défiant et trop modeste, n'osa donner l'essor à son génie et créer la grammaire des sourds-muets comme il osa créer leur langue.

« Que n'aurait-il pas fait, si, aussi heureux que moi, il eût marché le second dans cette nouvelle carrière ; si, au lieu d'avoir inventé cette décou- verte, il en eût été l'héritier !

« L'art d'instruire les sourds-muets exigeait trop de connaissances et de talens pour qu'un seul

homme pût se flatter de l'inventer et de le perfectionner au point de ne laisser rien à faire à ceux
qui s'occuperaient après lui de cette précieuse
théorie. Dépositaire de tous les secrets de l'inventeur, je ne peux mieux payer le tribut que je lui
dois, qu'en montrant ce qu'il a fait, et ce qui lui
restait à faire quand la mort nous l'a enlevé. C'est
après avoir reçu ses leçons, après avoir opéré sous
ses yeux, et réfléchi beaucoup sur sa méthode,
qu'éclairé du flambeau d'une métaphysique sûre,
et souvent redressé par l'expérience, j'ai pu me-
surer toute l'étendue de l'art dont la création fait
sa gloire. (19) »

La rivalité de Pareirès, ses provocations, ses
intrigues ne furent pas les seules contrariétés et les
seuls empêchemens qui s'opposèrent à la marche
hardie de l'abbé de l'Epée, et qui eussent étonné
le courage de cet ardent génie, si ce courage, grand
comme son entreprise, eût pu céder à des efforts
humains, quand la Puissance divine l'enflammait
et le renouvelait sans cesse.

La difficulté est l'aiguillon qui stimule le génie.
Dans le temps même où la méthode nouvelle
obtenait cette célébrité européenne, indice assuré
de sa bonté et de ses succès, l'on vit s'élever et
s'agiter autour de son noble inventeur des rivaux
jaloux ou des censeurs injustes. Il eut à lutter avec
des savans dont il combattit sans aigreur, mais
non sans fermeté, les idées, et dont la défense
n'offrit pas toujours cette modération qui fortifie

le bon droit ou fait excuser une attaque injuste, prolongée outre mesure. Confiant dans la bonté de sa cause, il la soumit au jugement des principales Sociétés savantes de l'Europe. (20) Le croira-t-on? ces corps savans, un seul excepté, (21) ne répondirent que par un silence outrageant...... Et, comme s'il eût voulu ajouter à son triomphe, un académicien étranger lui dit des injures ! (22)

On ne s'élève pas au-dessus des autres hommes sans en acheter le droit par d'amers dégoûts : l'abbé de l'Epée en avait déjà fait plus d'une fois la douloureuse expérience. Il se convainquit aussi que la cause la plus juste à nos yeux ne porte pas toujours la conviction dans l'âme de ceux appelés à juger d'après leur conscience. La cause célèbre du jeune sourd-muet, trouvé en 1773, sur la route de Péronne, (23) ajoutera aux preuves évidentes et nombreuses qu'il serait facile de fournir.

Un jeune enfant abandonné, couvert de haillons, mourant de faim, privé des organes de la parole, lui est présenté. Son malheur et sa situation touchent vivement son cœur. Il gémit sur cette nouvelle victime de la nature et de la barbarie de parens plus cruels encore. Il caresse l'infortuné, dont l'étonnement annonce qu'il a peu connu ces marques de tendresse ou de pitié. Il le prend sous sa protection paternelle, pourvoit à tous ses besoins, l'instruit, intéresse un grand Prince (24) à son sort, et entreprend de faire rendre au jeune infortuné, un nom, une famille, une fortune... Homme digne de ce beau nom , tu t'abuses : l'illusion sera de peu de durée ! Démarches, soins, sollicitations, voyages, veilles, fatigues, sacrifices de tous genres, rien n'est épargné par le protecteur infatigable...... Cette sainte cause n'est gagnée qu'en partie ; le protecteur du jeune comte de Solar meurt sans avoir pu obtenir un triomphe complet.... il meurt ! et, quelques années après, son ouvrage est détruit, et son malheureux protégé est replongé dans l'abîme d'où il l'avait tiré. (25)

Assez long-temps notre âme a été douloureusement affectée. Le récit des chagrins qui accablent l'homme vertueux portent de plus vives atteintes à notre sensibilité. Si l'humanité en pleurs nous fait un devoir de plaindre celui dont la conduite a en quelque sorte provoqué les peines qu'il endure, nous répandons des larmes de sang sur les afflictions qui ne sont pas méritées.

Cependant, il a aussi éprouvé de douces jouissances le saint prêtre, l'ami, le consolateur, le bienfaiteur des hommes. Il a vu tout ce qui pouvait flatter l'orgueil humain , si l'humilité chrétienne n'avait pas garanti son cœur, les plus dignes citoyens, les personnes les plus honorables de la société se rendre en foule à ses leçons, écouter ses paroles avec un vif intérêt, applaudir aux succès qu'il obtenait, et lui offrir l'hommage de l'admiration la plus sincère..... Plus d'une fois se sont trouvés confondus parmi ses nombreux auditeurs des Savans d'un rare mérite, des Dames du plus haut rang, des Princes, des Souverains. (26)

Le véritable triomphe de l'abbé de l'Epée n'était point lorsqu'entouré de personnages illustres, il attirait tous les regards par sa figure vénérable, son extérieur simple et modeste, son langage persuasif et plein d'onction......, c'est au milieu de ses élèves chéris, de ses enfans adoptifs, des êtres à qui il avait donné une seconde vie.....

Ils sont réunis et se livrent à une récréation innocente, en attendant l'heure ordinaire de l'instruction. Soudain leur ami, leur père entre, ils le voient, s'élancent au-devant de lui, se jettent dans ses bras, à ses pieds, ou pressent de leurs lèvres brûlantes chaque partie de ses vêtemens. Le bon père leur rend caresses pour caresses, il est ému, des larmes s'échappent de ses paupières; mais, ce sont des larmes de bonheur et d'amour.

Du côté de ces intéressantes créatures, que n'admire-t-on pas! Leur âme est dans leurs regards: joie, amour, respect, admiration, dévouement, ils expriment tout. Chacun d'eux veut démêler dans les traits du bienfaiteur adoré les sentimens qui l'animent; ils devinent ses pensées; ils savent qu'ils en sont l'objet; ils voudraient parler........ Pour la première fois, ils sentent que la privation de la parole est la plus grande perte pour des êtres reconnaissans....... Mais, s'ils remarquent sur le visage de leur ami l'expression d'un sentiment pénible, leur maintien attristé répond à sa douleur; ils n'en connaissent pas le sujet, mais le bienfaiteur souffre, ils souffrent aussi. Peut-il avoir des sensations qu'ils ne partagent pas! Il leur a donné ses pensées, ses affections, il leur a appris à se connaître.....; ils doivent donc sentir et aimer comme lui. Eh! que n'a-t-il pas fait pour eux! Sa fortune ne lui appartient point, elle est toute consacrée à leurs besoins. (27) Brillans de santé, il les nourrit, les vêtit, récompense leur application. Malades ou souffrans, il les soigne, les console, les encourage. Ses vêtemens sont usés, (28) que lui importe! ses enfans sont bien vêtus. Si sa table est plus que frugale, la portion de ses enfans est plus forte, plus substantielle. L'hiver est rigoureux, le bon vieillard a froid..... Souffrons un peu pour mes enfans, dit-il, un père se prive de tout pour sa famille. L'une des vertus de mon saint ministère est de s'imposer des privations, lorsque surtout elles sont commandées par les besoins des autres.

Oh! combien il est récompensé par le succès de son entreprise, par l'amour de ses élèves! Ils ne vivent que dans lui; et, si leur vie pouvait ajouter à la durée de la sienne, tous l'offriraient à l'envi. Saint homme! leur amour te dédommage de tous tes sacrifices!

Une autre récompense, non moins douce, a doublé son bonheur. Des maîtres habiles, formés par ses soins, ont propagé chez l'étranger, (29) et prin-

cipalement en France, sa méthode aujourd'hui ré-
gnant partout en souveraine; (30) mais, le maître
qui a le plus contribué à sa gloire, qui a étendu
et perfectionné son œuvre, qui seul était digne de
lui succéder, c'est M. l'abbé Sicard. (31)

Ses longs malheurs, ses vertus, ses talens l'ont
rendu célèbre. On confondra dans le même sentiment de reconnaissance et d'admiration le maître
et le disciple. Jamais l'on ne prononcera le nom
révéré de l'Epée, sans y joindre le beau nom de
son immortel successeur. (32)

L'abbé de l'Epée a su allier à une grande vertu
un heureux génie. Il a marqué son existence par
une institution admirable et qui ne périra pas.
Prêtre et philosophe à la fois, puisse-t-il servir à
jamais de modèle aux ministres du Très-Haut, et
aux sages qui ne tiennent leur mission que de leur
cœur généreux.

Siècles à venir! honorez comme nous la mémoire
d'un homme vertueux et d'un grand homme! (33)

FIN.

LETTRE
DE M. PAULMIER,

ÉLÈVE ET ADJOINT DE M. L'ABBÉ SICARD,

A M. BAZOT,

MEMBRE DE L'ATHÉNÉE DES ARTS, ETC.

MONSIEUR;

JE vous prie de recevoir mes remercîmens pour
l'envoi que vous avez bien voulu me faire d'un
exemplaire de votre Eloge de l'abbé de l'Epée;
je l'ai lu avec plaisir. En le relisant, avec plus de
plaisir encore, je trouve qu'il y règne un ton de
candeur et de simplicité qui répond parfaitement
au sujet que vous avez traité, et au caractère de
l'homme bienfaisant et modeste dont vous faites
l'éloge. Vous avez eu le bon esprit ou plutôt le
rare mérite d'éviter la sécheresse de la dissertation dans laquelle tombe nécessairement l'écrivain quand il n'est pas soutenu par le talent. Nul

doute que vous n'eussiez triomphé, si vous aviez ajouté à la partie essentielle de votre ouvrage, si agréable à la lecture, quelques compilations faciles à faire. Quelques extraits bien fondus dans le corps de votre discours, vous auraient mérité la palme. Je ne sais si je vous dois des remercîmens pour la note beaucoup trop avantageuse que vous avez mise relativement à mes faibles essais comme élève de M. l'abbé Sicard. Vous êtes trop indulgent d'avoir bien voulu apercevoir l'élève perdu dans les rayons de gloire d'un illustre maître, digne successeur de l'homme de génie, créateur de la méthode immortelle qui révéla au monde l'art d'instruire les sourds-muets : art sublime que les anciens auraient rélégué dans les temps fabuleux, comme étant trop au-dessus du pouvoir de l'homme. Ils en auraient attribué l'invention à quelque divinité descendue sur la terre pour l'enseigner aux mortels. L'éloge du bon prêtre suscité par la Providence pour réparer les écarts de la nature, élève l'âme de l'orateur, agrandit ses pensées, et le met en quelque sorte sous l'influence d'un Dieu de bonté qui l'éclaire, l'échauffe et l'anime de son souffle divin ; et disons-le simplement, sans crainte d'être accusé d'hypocrisie, nous croyons que le génie ne peut avoir de source plus pure que la grâce, et que jamais l'éloquence, qui est son langage, ne peut produire de plus puissans et de plus heureux effets.

Dans le monde imbu de doctrines pernicieuses,

on croit que le génie appartient à l'ordre naturel, on ne soupçonne même pas qu'il puisse avoir une plus noble origine. Souvent on le confond avec l'aveugle instinct, étincelle qui s'allume avec les passions, faible lueur dans les ténèbres, qui guide un instant les êtres rampans sur la terre pour se dissiper à la mort comme une légère et stérile vapeur. Quoi donc ! le génie, après avoir établi sur des fondemens inébranlables des monumens éternels, périrait aussi misérablement, et serait anéanti pour jamais ! Non. Ce don du ciel, inhérent aux grandes âmes justement privilégiées, a toujours une destinée digne de son origine. Cette vive flamme descend du sein de Dieu même, sur les ailes de la grâce, dans le cœur de l'homme de bien, pour lui inspirer des résolutions généreuses, et lui donner la force de les exécuter pour présenter au monde le modèle d'un beau et grand caractère, et remonter enfin à sa source, lorsque l'heure est venue de quitter sa dépouille mortelle. Tel est le génie des Las Casas, des saint Vincent de Paule et des de l'Epée.

Mais, je m'aperçois que tout en louant à juste titre le ton des convenances qui règne dans votre ouvrage, je m'en écarte moi-même étrangement.

Je disais que vous auriez pu enrichir votre discours de quelques compilations faites dans les livres qui traitent de l'instruction des sourds-muets : cela vous aurait suffi. Je conviens que toutes les idées sur cet art ne sont pas publiées. Je sais bien qu'il existe dans l'école une tradition (*) de principes et de procédés qui se sont accrus depuis huit à dix ans, et dont les ouvrages imprimés ne peuvent faire mention.

Ils ont été recueillis, ces principes et ces procédés, dans un rapport que l'Administration des Sourds-Muets me chargea de lui faire en 1814. Ce rapport est en manuscrit dans les archives de l'Institution ; il a été lu par beaucoup de savans et de littérateurs qui m'honorent de leur intérêt et de leur amitié, entre autres, M. le baron *de Gérando*, MM. *de la Romiguière*, *Andrieux*, *Salgues*, etc. etc. Je vais vous le faire connaître en grande partie.

J'établis en principe général qu'il existe trois ordres de choses, savoir :

1°. L'ordre extérieur ou l'ensemble des êtres créés et des objets des arts ;

2°. L'ordre intérieur ou l'esprit, c'est-à-dire toutes les idées, les facultés, les opérations intellectuelles et morales ;

3°. Et enfin l'expression en général, qui comprend les gestes, le langage, les langues, l'écriture et toutes les productions des arts d'imitation.

____

(*) J'ose dire être plus à même que personne de donner cette tradition, puisque je suis élève et collaborateur de M. l'abbé Sicard, depuis plus de quinze ans. Je n'entends parler ici que de l'instruction des sourds-muets : quant à celle des sourdes-muettes, elle est confiée au respectable M. l'abbé Salvan, élève de l'abbé de l'Epée, et dont M. l'abbé Sicard fait un si bel et si digne éloge dans son Cours d'instruction.

Pour abréger et réduire cette division à sa plus simple expression, on peut dire, en trois mots : NATURE, ESPRIT, EXPRESSION.

Ces trois ordres de choses, qui embrassent tout, sont tellement indépendans entre eux, qu'ils n'existeraient pas, jusqu'à un certain point, l'un sans l'autre. L'esprit, sans l'impression des objets de la nature sur les sens, resterait dans l'inaction. Les langues seraient inutiles, sans les idées de l'esprit qu'elles représentent. Les mots des langues sont destinés, dans leur principe, à nommer les objets naturels ou extérieurs ; puis, ils sont détournés peu à peu de cette acception primitive, en raison des progrès de la civilisation et du développement des facultés de l'esprit ; de là toutes les figures ; c'est-à-dire, que les mots qui ont été créés d'abord pour représenter les objets extérieurs, sont empruntés dans la suite pour exprimer les opérations de l'esprit, selon les lois de l'analogie ; et enfin, on s'en est servi pour désigner les parties du discours lorsque la grammaire a été inventée.

L'instituteur des sourds-muets doit toujours avoir présent à l'esprit ces principes généraux dans tout le cours de l'instruction, quelque soit l'objet dont il veuille donner connaissance à ses élèves. S'agit-il des premières leçons, il doit avoir soin de réveiller dans leur esprit l'image de l'objet qu'il veut nommer, lorsqu'il s'agit d'une opération intellectuelle. Comme elle a nécessairement quelque analogie avec un objet naturel ou une action mécanique, il est indispensable, à l'aide d'une pantomime vive et délicate, de faire sentir cette liaison à son élève, qui seul ensuite trouve le signe. Le maître, alors, prend ce signe inventé par l'élève, et lui donne le mot correspondant. C'est une espèce d'échange.

Il n'est pas nécessaire d'avoir toutes les connaissances humaines dans leurs détails, pour ce genre d'éducation ; la chose essentielle est de bien savoir comment elles s'enchaînent et se déduisent les unes des autres. Jamais le fil qui les lie ne doit échapper ; de toutes les sciences, les plus importantes pour l'instituteur, sont la logique et la grammaire, que j'appellerai instrumentales, parce qu'elles sont indispensables à la formation de la pensée, au développement des facultés, aux progrès des langues de la civilisation. Cet enseignement embrasse l'éducation et l'instruction.

L'instituteur doit savoir comment se développent les organes, les sens des animaux, leur instinct, l'intelligence de l'homme. Il doit connaître la théorie des facultés de l'esprit, des sentimens et des passions, de la volonté des vices et des vertus, de la conscience et des remords, des relations sociales.

L'art d'instruire les sourds-muets est peu connu, cependant. Ce n'est pas faute d'en entendre parler, ni d'assister aux séances et aux leçons. Mais, peu de personnes sont capables de l'application sérieuse qu'exige cet enseignement. Dès qu'un homme a la prétention de l'exercer, il se qualifie aussitôt d'instituteur, et ne manque pas d'appeler *méthode* le *moyen* qu'il emploie. Cette erreur vient de ce que l'on confond la méthode avec les moyens ou instrumens de communication, et pourtant cette distinction est importante à faire.

Socrate avait une méthode, puisque, comme il le disait lui-même, il faisait accoucher les esprits. Sa méthode, sans doute, ne consistait pas seulement dans le moyen de communication dont il se servait, qui était la langue grecque; il se serait servi de toute autre langue ou signe, qu'il n'en aurait pas moins eu sa méthode. En quoi consiste-t-elle donc? Elle ne pouvait être, ce me semble, que l'ordre naturel convenable dans lequel il exprimait ses idées, dans son habileté à interroger. Il n'avait d'autre but que d'exercer les facultés, de développer, de faire l'entendement, comme l'a dit depuis Bacon, dans son *Novum organum*.

Pour faire connaître les moyens de communication, il est bon de remonter à l'origine des langues, à la source des signes, et au principe des idées.

Tout signe n'a d'autre origine que l'*image* que certaines sensations font dans l'esprit, car on pourrait diviser en trois espèces cette foule de sensations dont nous sommes assaillis de toute part depuis notre naissance. Les unes seraient les sensations fugitives dont il ne reste aucune trace dans l'esprit, leur destinée étant de naître, passer comme des ombres, et mourir sans postérité ; les autres seraient celles à l'occasion desquelles le sentiment se manifeste. Il y aurait encore une troisième espèce de sensations, celles qui font *image* dans l'esprit. Sans cette dernière espèce, assez singulière pour se convertir en *image*, qui a pour base l'étendue et le mouvement, l'homme n'aurait ni souvenirs, ni signes, ni idées. Ces images facilitent la formation des idées. Elles sont placées entre le passé et l'avenir, entre les objets de la nature et les idées de l'esprit. Elles forment le premier anneau auquel se rattachent tous les moyens de communication, gestes, accens, voix, langage, langue-écriture, qui ne sont autre chose que les signes en général dont se servent les hommes pour former leurs idées, se les rappeler et se les communiquer. Les signes sont au nombre de trois, savoir : les *signes naturels* ou *gestes*, la *parole* et l'*écriture*.

Les gestes précèdent et accompagnent la parole dans l'enfance et presque dans tout le cours de la vie, en raison du plus ou moins d'imagination. Ils sont l'interprète des langues. De quelque pays que soient les sourds-muets, viendraient-ils, les uns du Japon, les autres de la Terre-de-Feu, ils s'entendent dès qu'ils se rencontrent. La nature leur inspire des gestes qui sont entendus par tous, dans tous les lieux et dans tous les temps, et s'il est une langue commune à tous les hommes, c'est celle-là.

Elle partage cette universalité avec l'accent non ar-
« ticulé. « Les gestes, dans les enfans, dit l'auteur
« d'*Emile*, sont moins dans les mouvemens des bras
« que sur leur visage. C'est la langue qu'ils parlent
« avant de savoir parler. Il est étonnant combien
« ces physionomies mal formées ont déjà d'expres-
« sion. Leurs traits changent d'un instant à l'autre
« avec une inconcevable rapidité. Vous y voyez le
« sourire, le désir, l'effroi, naître et passer comme
« autant d'éclairs. »

J'ai eu pour élève, à l'Institution, il y a environ
six ans, un jeune sourd-muet de Paris, d'une con-
formation singulière : il existe encore. Sa tête res-
semble à celle d'un singe; il a les mâchoires sail-
lantes; mais, ce qui surprend davantage, c'est que
cette tête d'homme ne présente qu'un visage sans
physionomie. L'agréable sourire de la bonhomie,
le rire plaisant ou niais ne s'y montrent jamais,
non plus que la tristesse, la peine ni les pleurs.
Est-il affecté, vivement ému, ce ne sont point des
larmes qui coulent de ses yeux : c'est de l'eau
qui tombe. Ses yeux mêmes sont ternes et sans
expression. La paralysie des muscles lui ôte jusqu'aux signes des sensations qui sont dans les gri-
maces, au lieu que l'expression du sentiment est
dans le regard. Le rire et les larmes, ces deux ex-
trêmes de la physionomie, sont le partage exclusif
de l'humanité. Ces attributs, que le Créateur a re-
fusés aux animaux, impriment un caractère de
noblesse et quelque chose de céleste sur la face

de l'homme. Eh bien ! ces signes extérieurs de l'âme manquent totalement à cet infortuné. L'âme ne se manifeste chez lui que par une attention plus prononcée ; du reste, l'intelligence se montre dans ses actions comme chez les autres sourds-muets, de sorte qu'il ne dit pas, mais il agit : il est doublement muet. Pour lui, rire aux éclats, c'est faire entendre un petit son guttural pendant lequel la rougeur monte au visage. Que dis-je, la rougeur ? c'est le sang. Cette disgrâce de la nature, jointe à celle de la surdité et du mutisme, est le comble du malheur. Non seulement elle donne un aspect désagréable et repoussant, mais encore elle met dans l'impuissance de suppléer aux accens de la voix par les mouvemens de la physionomie. La triple fonction de l'œil par lequel le sourd-muet voit, entend et parle (car il a, pour ainsi dire, les oreilles et la langue dans les yeux), est très-bornée chez l'être qui est, de plus, entièrement privé de physionomie. Il ne peut exprimer les passions brûlantes, les doux sentimens et les affections du cœur. La nature lui a refusé jusqu'à ce dédommagement, dont ses frères d'infortune sont gratifiés avec tant de libéralité. Les sourds-muets, comme on sait, ont en général beaucoup d'expression dans la figure. Tout est parole dans ces physionomies mobiles sur lesquelles la sérénité de l'innocence, la joie et les nuages des petits déplaisirs de l'enfance se succèdent et passent rapidement. Ils ont surtout un œil scrutateur, d'une vivacité tellement pénétrante, qu'ils plongent jusqu'au fond de l'âme, et y vont surprendre les secrets les plus cachés. Veut-on se dérober à ces recherches, et, si l'on peut dire, à ces enquêtes inquisitoriales de l'œil du sourd-muet, il faut avoir un grand empire sur les mouvemens de son visage, et pouvoir, en quelque sorte, allumer ou éteindre sa physionomie à volonté.

Cette privation de physionomie devait paraître beaucoup plus étrange encore aux sourds-muets parmi lesquels cet infortuné vivait journellement: aussi, en étaient-ils toujours frappés. Ils savaient très-bien que quoiqu'il ne fît paraître aucun signe extérieur de sentiment, il n'en était pas moins affecté de peine ou de plaisir ; et, quand on leur en faisait la remarque, ils répondaient tous avec un grand sens : *Il rit en dedans.*

Réflexion judicieuse. En effet, c'est l'âme qui rit ou pleure. Les sentimens de peine ou de joie sont dans l'âme avant qu'il en paraisse aucune trace sur le visage. Le jeu des muscles de la face, qui concourt aux mouvemens de physionomie, n'en est que l'expression. Il arrive trop souvent que chez les gens du monde, ces mouvemens de visage ont lieu sans que l'âme en soit aucunement affectée, ou plutôt elle l'est, mais presque toujours d'un sentiment contraire : c'est la dissimulation. Alors ces mouvemens perdent le noble caractère de physionomie.

On doit considérer les signes comme signes de

doctrine et comme signe d'*usage*. Prenons pour exemple le signe d'*animal*. Il faut parcourir de l'œil et de la pensée tout ce qui caractérise l'animal : la respiration, le mouvement, le boire, le manger, la veille, le repos, le sommeil, enfin toutes les fonctions nécessaires à sa conservation. Les signes se font à mesure, et ne sont autre chose que l'imitation de ces fonctions dans cet ordre de leur importance : tous ces signes réunis et faits rapidement sont les signes de doctrine, puisqu'ils se font en même temps qu'on en donne l'idée. S'agit-il ensuite de s'entretenir sur cet objet, ce signe serait beaucoup trop long ; alors, les ellipses ont lieu. Tous les signes des fonctions accessoires disparaissent, et il ne reste plus que le signe principal de la plus importante fonction, qui est ici celui de la respiration.

Les signes ou gestes naturels sont appelés par M. l'abbé Sicard, *signes introducteurs d'idées*, ce qui répond au *signe de doctrine*. Il est une autre espèce de signes, qui ne sont que l'extension des premiers, et qui sont aussi judicieusement nommés *signes de rappel d'idées*. Ces deux espèces de signes sont analogues aux deux méthodes connues de tout temps dans l'école : l'*analyse* et la *synthèse*.

Les signes *introducteurs d'idées* représentent les idées sensibles, et forment la langue naturelle du sourd-muet, comme nous venons de l'expliquer. Les signes de *rappel d'idées* expriment les idées abstraites. Ils sont elliptiques, et inventés par le sourd-muet, à la suite d'un procédé méthodique de l'instituteur, qui fait éclore les idées à mesure que les élèves se civilisent et avancent dans l'étude de la langue : la civilisation et la langue ne se séparent jamais.

Pour faire connaître ces deux espèces de signes, prenons le nombre 5o. Le signe de ce nombre se fait d'abord en présentant cinq fois les dix doigts, à l'occasion d'un même nombre d'objets présens sous les yeux, ce qui n'est autre chose que compter ou présenter cinq fois dix unités, pour donner l'idée collective. Voilà faire usage des signes introducteurs d'idées : voilà l'introduction donnée. Mais ensuite il arrive que le sourd-muet ayant une fois l'idée collective du nombre 5o, sachant l'écrire, et connaissant déjà le système de la numération, est porté, par la simple disposition naturelle que nous avons tous à l'imitation, à inventer un signe, à le faire en présentant dix doigts pour les dixaines, et à imiter le zéro avec le pouce et l'index : tels sont les signes de rappel d'idées.

Les signes de cette dernière manière d'exprimer les nombres, quoique elliptiques, en les considérant comme représentant 5o unités, appartiennent cependant à la première classe de signes, par leur simplicité abréviative, étant calqués sur les chiffres de ce nombre, dont ils sont en quelque sorte la peinture. La commodité de ces signes fait que les sourds-muets s'en servent habituellement.

Les signes de ce nombre, et surtout leur simplicité, me rappellent qu'assistant, il y a plusieurs années, à un exercice d'un professeur qui se disait instituteur de sourds-muets, je fus fort surpris de voir qu'il se servait de signes purement arbitraires pour représenter les nombres, et ces signes étaient les mêmes que ceux des mots, de sorte qu'il paraissait n'avoir aucune idée des signes naturels. Il les repoussait même. Il faut convenir qu'il s'était donné beaucoup de peine pour un travail, non seulement inutile, mais nuisible. N'est-on pas convenu de tout temps, ou plutôt la nature n'a-t-elle pas inspiré aux hommes, et l'expérience ne leur apprend-elle pas à se servir de leurs doigts pour compter ? Dans les sociétés peu avancées en civilisation, les sauvages, les enfans, nous-mêmes, avons-nous d'autres signes gesticulés que nos doigts, pour représenter les nombres ? A la vérité, les enfans, les sauvages ne connaissent pas le système de la numération, mais, ils n'en ont pas encore besoin, et n'en sentent pas du tout la nécessité.

Ce professeur se proposait d'instruire les sourds-muets, de développer leur intelligence, de leur enseigner une langue en leur apprenant à parler, et sans avoir aucunement recours aux signes naturels qu'il repoussait, parce qu'il les croyait de l'invention de M. l'abbé Sicard. La parole qu'il voulait apprendre aux sourds-muets était le seul moyen de communication entre lui et ses élèves. Pour produire quelque chose, l'homme suit nécessairement une marche, un ordre. Ce professeur dédaignait ces petits moyens. Celui dont il voulait se servir était la parole ; mais, comme il avait besoin de la parole pour enseigner la parole, puisque l'instrument devait devenir l'œuvre, pour créer l'œuvre il fallait qu'il fît l'instrument. Il ne pouvait donc se dispenser de commencer par apprendre à parler à ses élèves ; mais, encore une fois, comment se faire entendre des sourds-muets, lorsqu'on repousse les signes que nous offre si gratuitement la nature, signes qu'elle prodigue indistinctement à tous ses enfans ? Vous croyez le professeur embarrassé ? point du tout. Il invente des signes. L'expérience l'aura sans doute éclairé, et il sera revenu aux signes naturels dont il est impossible de se passer, du moins dans les commencemens.

Une grande et belle question se présente naturellement ici. C'est de savoir s'il est possible de fixer en général la valeur des signes. Si on peut les réduire à un petit nombre, et enfin s'il serait utile d'inventer un système de caractères radicaux, analogues à la parole et à l'écriture, pour écrire les signes réduits.

Au premier coup d'œil, on est effrayé de la multiplicité des signes dont se sert le sourd-muet pour communiquer ses idées. Cependant, ce n'est qu'un fantôme qui disparaît quand on comprend bien la formation de ces signes, et les principes sur lesquels ils reposent. En général, si l'on conçoit bien l'idée qu'on veut rendre, la nature, le besoin nous font trouver dans les sensations qui nous ont donné cette idée, dans la figure de l'objet, et dans l'usage qu'on en fait, les signes nécessaires pour l'exprimer. On se figure qu'il est impossible de retenir ces signes innombrables, et aussitôt l'idée vient à tout le monde de les réduire en système. Pour examiner cette question, comparons le *sourd-muet* à l'*entendant-parlant* (c'est ainsi que les sourds-muets nous appellent). Voyons ce qu'ils ont de commun, et en quoi ils diffèrent.

Des cris et quelques gestes informes suffisent à l'homme, dans l'origine du langage, pour manifester ses premiers besoins. Ce ne sont guère que des mouvemens qui indiquent les sensations; rien de moral ne se montre encore. Bornée aux sensations, l'existence de l'homme n'est qu'une vie purement animale. Mais, à peine a-t-il fait le premier pas en civilisation, que l'ordre moral s'annonce, les regards s'animent, la physionomie se développe, les affections de l'âme se font sentir dans l'accent, dans les inflexions de la voix; les idées viennent plus tard. Elles sont retracées par les gestes et par les articulations de la parole. Les gestes composent tout le langage d'action; la parole a pour élémens, la voix, les articulations et l'accent. De tous les langages, le sourd de naissance et le parlant ne jouissent en commun, dans l'âge tendre, que d'un faible mélange de ces élémens, à peine ébauchés. Jusque-là, rien ne fait connaître l'énorme différence qui existe, ou plutôt qui existera entre les sourds-muets et les parlans. Au premier aspect, on ne distingue pas plus la surdité et le mutisme, que le sexe et le caractère ne se montrent sur la figure. Les uns et les autres sont des enfans, d'aimables compagnons au début de la vie, faciles à émouvoir, riant ou pleurant, selon qu'ils sont affectés; passant, en un clin d'œil, par ces différens états. Les voix, les cris ne sont pas entendus des sourds; mais, ces signes de vie, d'émotion, ne sont pas moins arrachés, dans les momens de danger ou de joie, par la nature qui veille sans cesse à la conservation de son ouvrage.

Cette communauté de langage entre les parlans dure peu. Ces compatriotes de l'enfance se séparent bientôt, et forment en quelque sorte, dans la même nation, deux peuples, deux patries différentes, qui n'ont plus rien de commun que l'aspect extérieur, l'empreinte du climat. Chacun a son idiôme, ses habitudes, ses usages, je dirais presque ses lois, si les sourds-muets étaient réunis en corps de nation, et ne formaient pas heureusement une fraction infiniment petite.

Par une suite nécessaire de leurs infirmités, les sourds-muets n'ont qu'une faible part à ces élémens de langage qui formaient auparavant le domaine commun. Les entendans-parlans, jouissant du précieux avantage de l'ouïe et de la parole, ont négligé les gestes, et sont parvenus enfin à trouver l'alphabet, découverte importante, et véritable prodige qui fixe la parole et donne, pour ainsi dire, un corps et des ailes à la pensée ; tandis que les sourds-muets, arrêtés à quelques traces confuses et irréfléchies de voix, avancent à grands pas dans l'usage des gestes, leur langage naturel.

Sur ces routes diverses, plus ils avancent, moins ils s'entendent. Ils ne se rencontreront jamais, et seront de plus en plus étrangers les uns aux autres. Nous entendons parler ici des sourds-muets abandonnés à eux-mêmes, ne communiquant avec les parlans qu'au moyen de leurs signes naturels, et forcés, pour ainsi dire, de vivre isolés, exilés au milieu de la foule de leurs compatriotes, comme en terre étrangère ; car, lorsqu'on parvient à former leur entendement, à leur apprendre à écrire une langue, et quelquefois à parler, c'est autre chose : on les rapproche des autres hommes, on les réunit à la nation, on les rend à la société.

Si pourtant le nombre des muets de naissance eût été assez considérable pour balancer celui des parlans, ils auraient nécessairement formé dès lors un corps de nation ; et, en supposant d'égale force ces deux nations rivales, elles se seraient partagé la terre. On aurait eu le pays des parlans et celui des muets ; ou bien, ce qui pouvait arriver, si la nation des muets eût été beaucoup plus nombreuse que celle des parlans, elle aurait eu d'abord son langage de gestes, qui, après avoir été perfectionné, aurait pris rang parmi les langues. Cette nation de muets aurait eu ses habitudes, ses usages, ses lois, ses arts et ses sciences ; et je ne fais aucun doute

que non seulement elle aurait fait toutes ces décou-
vertes, mais encore elle aurait excellé dans les arts
de son ressort : la pantomime, le dessin, la peinture, la sculpture et l'architecture. Nul doute
même, vu l'aptitude de cette nation pour les ma-
thématiques, et le grand exercice du sens de la
vue, qu'elle aurait perfectionné les arts qui en
dépendent. (*) La musique seule sera toujours igno-
rée du sourd-muet ; il ne pourra jamais s'en procurer la jouissance, à l'exception du rhythme qu'il
sent pour le moins aussi bien que les entendans.
Au surplus, comme cet art, bien qu'il fasse passer
de doux momens, n'est que de pur agrément,
et que ce qu'il peint est une partie de la nature à
jamais voilée pour l'homme privé du sens de l'ouïe,
un sourd n'en ayant aucune connaissance, n'a pas
la moindre idée du plaisir qu'il fait naître. Il ne le
désire ni ne l'envie, et n'en éprouve aucune privation, aucun regret. (**)

(*) On ne doute pas que je ne fasse ici une supposition, quoique
l'histoire offre un fait presque semblable. On prétend qu'Hiéron,
tyran de Syracuse, avait porté la défiance et la précaution jusqu'à
interdire à ses sujets tout usage de la parole, en sorte qu'ils n'osaient
communiquer leurs pensées ou leurs besoins autrement que par signes.

(**) Il y a quelques années, que l'on fit une expérience très-cu-
rieuse sur *Massieu*, le plus sourd et le plus intelligent des sourds-
muets, et sur deux de ses camarades d'infortune. J'en rendis compte
dans le *Journal des Débats*, du 31 décembre 1814. Le philantrope qui en avait conçu l'heureuse idée, désirait pouvoir leur procurer au moins la jouissance de la musique, puisqu'il est malheu-
reusement trop vrai qu'on ne leur rendra jamais l'ouïe, ni par conséquent la parole entière.

Tout a son commencement et ses progrès. Les facultés essentielles de l'esprit, la langue, la civilisation marchent ensemble, et datent de l'origine de la raison, à la vérité confondues d'abord, et

---

L'essai fut fait d'abord sur le jeune *Berthier* de Louhans, près de Mâcon, l'un de mes meilleurs élèves. Le moyen était simple. Une petite baguette de sapin sert de conducteur. L'enfant en tient un bout entre ses dents, avec le soin d'en écarter la langue et les lèvres, tandis que l'autre bout est appuyé sur l'instrument. A peine l'artiste commence-t-il à tirer quelques sons d'une harpe ou d'un forte-piano, que le sourd-muet témoigne, par signes, qu'il éprouve quelque chose qu'il ne peut définir. On voit naître et passer comme autant d'éclairs, sur sa physionomie pleine d'expression, les sentimens divers dont il est agité. Tout ce qui le distrait de cette nouvelle existence le contrarie. Il s'attache, il se cramponne, pour ainsi dire, à ces émotions étrangères, et semble craindre de les perdre.

Pareille épreuve fut faite sur *Massieu*, qui déclara n'éprouver qu'un ébranlement. Le troisième sourd-muet nomma vibration, ce qu'il ressentait. Quelle est donc la cause de ces différens effets ? C'est que *Massieu*, plein d'entendement, n'a pas l'ombre d'audition ; au lieu que ses camarades entendent faiblement.

S'ils entendent, dira-t-on, pourquoi ne parlent-ils pas ? C'est qu'ils n'entendent pas assez pour distinguer, comparer, apprécier les sons comme paroles, c'est-à-dire, comme signes de nos idées, de nos pensées, ainsi que cela se passe chez ceux qui ont une audition parfaite. Les sons, chez ces êtres privilégiés, acquièrent le caractère de voix, de parole, deviennent mots, et composent la langue.

Ce raisonnement pourrait, ce me semble, s'appliquer à la musique, art d'imitation, dont les principes et le pouvoir sur les cœurs ne dépendent pas seulement des sons puisés dans l'air à pleines oreilles, et considérés par l'ébranlement qu'ils produisent sur nos nerfs, mais bien comme peinture, comme signes de nos affections, de nos sentimens. Remontons plus haut, et suivons la marche de la nature. Dans l'origine, en éprouvant de la peine, de la joie, l'être sensible poussa des cris involontaires dont les accens exprimaient l'état de son âme. Ensuite à l'ouïe, des mêmes accens, les mêmes affections se réveillèrent dans son cœur. Il sentit qu'ils partaient d'un être vivant, passionné, semblable à lui : aussitôt

peu indiquées. Pour s'en convaincre, il suffit d'observer les petits dialogues, souvent très-animés, d'une nourrice avec l'enfant qu'elle allaite. Une épouse, qui remplit les devoirs de mère, en sait là-dessus plus que les plus doctes.

Les premières lueurs de raison sont antérieures à la parole : les sourds-muets en sont un exemple. Les hommes auraient donc pu, jusqu'à un certain point, se passer de la parole ; et, comme on retrouve dans le langage d'action de l'analogie avec les différens degrés de la parole, en tant qu'expression de nos pensées, les sourds-muets, réunis en corps de nation, seraient parvenus sans doute, non seulement à rendre toutes leurs idées et leurs sentimens par signes, mais encore à inventer un alphabet analogue à celui que les parlans ont imaginé pour eux. L'alphabet de ceux-ci consiste en un petit nombre de caractères écrits, qui, combinés diversement, représentent et fixent tous les élémens de la parole. Celui que les sourds-muets auraient inventé correspondrait à un système de

---

une douce sympathie, l'amour fraternel l'identifia, l'intéressa à cet autre lui-même. C'est ce cri de la nature, ces accens de l'âme, ces inflexions de voix que la musique s'efforce d'imiter ; c'est ce qui en fait un art puissant qui nous transporte.

Ce qui tient lieu aux sourds-muets de ces accens, de ces inflexions de voix pour l'expression des mouvemens de l'âme, c'est cette physionomie si mobile, si parlante chez eux. Aussi, entre-t-elle dans les arts d'imitation, ainsi que la mélodie. La physionomie est à la pantomime ce que la mélodie est à la musique, ce que le dessin est à la peinture.

gestes. Après beaucoup d'essais infructueux, on serait sans doute parvenu à choisir la main pour instrument, qui probablement servirait déjà à représenter les nombres; car, je m'imagine que, dans cet ordre de choses, le système de la numération serait inventé avant celui de l'alphabet, comme plus naturel.

Nous avons avancé que les sourds-muets seraient parvenus à inventer un alphabet de signes, analogue à celui de la parole, s'ils avaient formé un corps de nation. Examinons si, par la seule méditation, on peut trouver cet alphabet.

Tous les gestes des sourds-muets sont des mouvemens du corps, de la main et de la physionomie. Si l'on pouvait réduire ces mouvemens à un petit nombre, et les représenter par des caractères radicaux, on aurait fixé le langage d'action, on en aurait fait une langue.

Ne pourrait-on pas réduire tous les gestes à un certain nombre de mouvemens de la main, et écrire tous ces mouvemens par un même nombre de caractères radicaux ?

Ce système parfait nous paraît très-difficile à trouver. Nous croyons que la persuasion de réussir ne serait fondée que sur une hypothèse, celle où les signes des sourds-muets seraient fixés ; c'est-à-dire, qu'on en aurait invariablement déterminé la valeur; mais, ils ne le sont pas. S'ils étaient fixés, il serait naturel de croire que, puisqu'on est parvenu à réduire tous les élémens de la parole à un petit nombre parfaitement coordonné, on serait assez heureux pour trouver un système analogue pour les signes. On ne fait aucun doute que les sourds-muets, dans ce cas, auraient inventé un système abréviatif de leurs signes ; et, comme ils ne connaîtraient aucune langue, et seraient surtout privés du secours immense d'un alphabet, ce système abréviatif des signes leur serait utile, non pas tant pour s'entretenir que pour écrire, puisqu'il serait en partie arbitraire.

Nous le répétons, ce raisonnement ne serait fondé que dans l'hypothèse où les signes des sourds-muets seraient fixés. Ils ne le sont pas ; les mots des langues ne le sont pas même pour le génie. La langue n'est pour lui qu'un instrument et non un fardeau ; il fait la règle et ne la reçoit pas.

Vouloir fixer la valeur des mots, et surtout celle des signes, c'est couper les ailes à l'imagination, c'est réduire toutes les facultés de l'esprit à la seule mémoire, et faire de l'âme, dans l'exercice de sa plus sublime faculté, une belle mécanique.

J'ai déjà comparé le système des signes abrégés à l'alphabet de la parole. J'ai remarqué que l'objet de l'alphabet parlé et écrit est déterminé, les voix et articulations, les voyelles et les consonnes sont en petit nombre ; et d'ailleurs elles ne représentent pas directement les choses comme les mots dont elles sont les élémens. Il en est de même du système de la numération, au lieu que les signes des sourds-muets sont calqués sur les objets de la nature ; ils en sont la physionomie , et je dirais presque une sorte d'imagination extérieure, d'étymologie gesticulée.

Et comment serait-il possible de réduire les signes en petit nombre , et de les représenter par des caractères radicaux, quand on sait qu'il n'a pas même été possible, jusqu'à présent, de faire un dictionnaire systématique des signes ! L'abbé de l'Epée essaya, et, désespérant de réussir, il en abandonna l'entreprise. M. l'abbé Sicard , mon illustre maître , a fait un livre qui a pour titre : *Théorie des signes;* mais, ce livre n'est point un dictionnaire systématique des signes dont les mots devraient se suivre, conformément à la génération des idées, qui est l'ordre dans lequel les signes sont naturellement formés. C'est une copie alphabétique des mots les plus usuels du Dictionnaire de l'Académie. A la vérité, les mots y sont définis avec une perfection rare ; et un autre avantage que l'on ne trouve que là, c'est que le premier volume renferme les mots appartenant à l'ordre physique, et que le second est composé des mots de l'ordre intellectuel.

Supposons les signes assez fixés pour en faire la réduction en système. Admettons même que ce système soit complet. Après toutes ces concessions, nous contesterons encore que la main soit le seul instrument universel des gestes. Les gestes, a-t-on dit, sont la saillie de l'homme intérieur. Les gestes expriment les mouvemens propres de la main , du corps, les opérations des organes, de l'esprit, les facultés intellectuelles, les affections de l'âme, les sentimens, les passions, les vices, les vertus, toutes les relations sociales. Or, serait-il possible à la main, avec toute sa dextérité, et aux organes, avec leur sagacité, de rendre seulement quelques nuances de sentiment et d'idée? C'est à la physionomie, à l'air du visage, au regard qu'appartiennent ces nobles et sublimes fonctions. La physionomie tient sa mission de l'âme même.

Nous supposons tout cela possible; nous supposons le système parfait dès sa naissance, c'est-à-dire, réunissant dans son abréviation tous les gestes, depuis le mouvement le plus matériel jusqu'à l'opération la plus compliquée; depuis la sensation la plus faible jusqu'à l'idée la plus abstraite; en un mot, nous supposons que la main puisse, par quelques mouvemens déterminés, exprimer la pensée, le sentiment, la mort, la vie, le temps, l'être, l'éternité, le fini et l'infini. Cependant, on ne peut disconvenir que ces mouvemens de la main, réduits en système, et que les caractères radicaux inventés pour les représenter, seraient arbitraires. Quel en serait l'avantage, puisqu'ils ne rendraient pas plus la nature des choses que la langue, et que celle-ci suffit et l'écriture ordinaire enseignée par la méthode analytique pour instruire un sourd-muet. Ainsi, le système, tel que nous le concevons, nous paraîtrait manquer du caractère essentiel de la perfection, qui est l'utilité. Ce serait, pourrait-on dire, le moyen d'apprendre en peu de temps le langage des sourds-muets. Cela n'est vrai, tout au plus qu'à l'égard de ceux qui voudraient l'apprendre pour leur usage, et non pour faire une éducation, puisque la connaissance antérieure de ce langage n'est pas même nécessaire, jusqu'à un certain point, pour cette éducation. Mais, dira-t-on, comment s'entendre avec l'élève, si on ne sait déjà les gestes de ce qu'on veut lui enseigner ? Voici la marche de cet enseignement, ou plutôt celle de la nature.

L'instituteur montre à ses élèves plusieurs objets, qui doivent être quelques vêtemens, quelques petits meubles ou jouets, journellement dans leurs mains et sous leurs yeux, dont ils connaissent la forme, puisqu'ils la voient, et la destination, parce qu'on suppose qu'ils s'en sont servis. Il leur en fait le dessin. C'est déjà leur faire comprendre qu'ils auront, par la suite, des moyens de se rappeler les objets en leur absence. On provoque ensuite les élèves à en faire usage. Pourrait-on croire qu'au lieu de suivre cette marche indiquée par la nature, sans laquelle il n'est aucun succès, il fût possible d'enseigner un système de pure invention ? Ce serait vouloir tout bouleverser. Non seulement il serait impossible qu'un sourd-muet l'entendît, mais même on ne pourrait se faire entendre, puisqu'on éloignerait l'occasion de faire trouver les signes, seul moyen primitif de communication. Si au contraire le signe est connu, l'élève aura déjà l'idée de l'objet. A quoi donc lui servira cette invention ? De vrai, elle ne sera qu'une surcharge pour sa mémoire, et le pire de tout, c'est que l'on retomberait au-dessous de la méthode ordinaire, qui n'enseigne que des mots vides de sens.

La facilité que les élèves auraient à saisir les caractères radicaux écrits, ne prouverait rien. Elle serait une preuve seulement qu'ils ont de l'intelligence, et surtout beaucoup de mémoire. Le contraire serait plus étonnant, par la raison qu'ils inventent souvent eux-mêmes des caractères, espèces de chiffres inintelligibles pour tout autre.

On estime donc qu'il est sage de s'en tenir aux signes des sourds-muets, tels qu'ils leur sont inspirés par la nature, et à ceux qu'ils inventent à la suite des idées que leur instituteur a fait éclore dans leur esprit, par les procédés qui sont en usage dans l'Institution.

Le premier moyen de communication entre les hommes est le langage des gestes; la parole vient ensuite.

On a souvent demandé si la parole est d'institution humaine, une production naturelle, ou bien si elle a été créée, donnée par Dieu, et transmise par le premier homme à tout le genre humain. Nul doute que le Créateur, en nous donnant la faculté de penser, nous a donné celle de parler, puisque cette dernière est utile au développement de l'autre. C'est dans ce sens qu'on a dit qu'il fallait parler la pensée pour penser la parole. (*) Mais, la seule possession d'un instrument ne suffit pas ; il faut encore savoir s'en servir : ce qui a lieu par l'usage, par l'exercice, par les circonstances qui en font un besoin. A quoi servirait la raison, si nous ne concourrions en rien dans l'usage de la parole. Ainsi, Dieu nous a donné la faculté de penser avec l'instrument vocal ; mais, il a laissé à la nature, à l'instinct et à nous-mêmes, le pouvoir de nous en servir et de la perfectionner. Considérons la parole, d'abord comme principe, ensuite comme langue formée. La nature a l'initiative en tout ; elle agit en nous, dans ce cas, par instinct, et nous inspire le premier langage. Les onomatopées, les mouvemens imitatifs, se produisent en nous sans notre volonté ; mais, il arrive qu'après un grand nombre de répétitions, nous formons volontairement les premières voix et les articulations ensemble, lesquelles, étant analogues à quelques propriétés de certains objets, en deviennent naturellement la peinture. Il faut ici, comme en toute chose, distinguer l'art de la nature. La parole est un art sublime : c'est le pre-

---

(*) Cela est plus généralement vrai des signes, car on pense sans parole, et non pas sans signes : prenons les sourds-muets pour exemple. On doit entendre par signes, tous les moyens extérieurs de communication, et même les images ou représentations dans l'esprit, qui nous restent des objets ; et, comme cette dernière espèce de signes suffit pour développer la pensée, puisqu'ils sont tantôt signes, tantôt élémens d'idée, selon la manière de les envisager, il s'ensuit qu'on peut penser avant de parler.

mier. Cependant, pour connaître combien la nature et l'art y contribuent, il ne faut pas l'examiner autrement que les autres arts. On dit apprendre à voir, à entendre, à toucher, à penser; on dit, avec plus de raison, apprendre à *parler*. Cela ne veut pas dire que nous créons les facultés, mais bien que nous apprenons à nous en servir.

Avec les gestes ou signes naturels, naissent presque en même temps l'accent sonore, intelligible; la voix qui prend du corps, et s'éclaircit; les articulations qui se forment, se détachent; et insensiblement, de l'accord de ces trois élémens, se compose la parole, image vivante de la pensée. Voilà bien la parole telle qu'elle se forme chez l'être pourvu de tous ses sens; mais, quelle différence chez le sourd-muet! L'accent, qui est l'âme de la voix, et qui lui donne le sentiment de la vérité, manque entièrement à la partie artificielle de ces infortunés; le plus habile d'entre eux ne pousse que des sons rauques et mal articulés, dépouillés du charme de l'euphonie. L'usage qu'il fait de la parole, est de se faire entendre d'une manière très-imparfaite, et de comprendre les autres plus imparfaitement encore. En donnant la valeur de ses articulations à celles de son interlocuteur, il lit en quelque sorte la parole sur ses lèvres. Lorsqu'il *parle*, il peut faire quelque usage des touches intérieures de l'instrument vocal; au lieu que lorsqu'il *écoute*, si l'on peut s'exprimer ainsi, il ne peut pas plonger le regard dans le palais de l'interlocuteur, pour y aller chercher des traces de parole. C'est là le défaut du moyen, ou plutôt c'est ici que la surdité présente le plus grand obstacle aux progrès réels de l'instituteur persévérant qui voudra entreprendre cette œuvre.

L'illustre abbé de l'Epée s'exprime ainsi dans son livre : (*De la véritable manière d'instruire les Sourds-Muets.*)

« La leçon qu'on donne à un muet, pour le lan-
« gage, ne sert qu'à lui seul. Il faut ici nécessai-
« rement du personnel. (*) Ayant donc plus de

(*) Il est certain que les premières leçons doivent être per-sonnelles ; mais, dès qu'on est parvenu à mettre en jeu la plupart des touches de l'instrument vocal, on trouve un grand secours dans *l'enseignement mutuel,* dont on ne connaissait pas assez les avan-tages, du temps de l'abbé de l'Epée. La leçon de la parole se donne d'abord aux sourds-muets isolés ; ensuite, on fait continuer cette leçon par l'élève le plus intelligent, qui, sous les yeux du maître, la fait aux autres, au nombre de huit à dix, autant qu'on peut en placer autour du tableau ; et de plus, on les met en commu-nication entre eux, c'est-à-dire, qu'on leur apprend à parler, et à lire la parole sur les lèvres de leur interlocuteur. Autorisé par M. l'abbé Sicard, j'ai fait cette expérience devant MM. les Administrateurs de l'Institution. Huit élèves ont prononcé à haute voix toutes les combinaisons de l'alphabet, sous la direction de l'un deux ; ensuite, deux élèves se sont entretenus également à haute voix, et ont lu séparément dans un livre. Le jour même de cette expérience, j'eus l'honneur d'écrire à *M. le vicomte de Montmo-rency,* et à *M. le baron de Gérando,* tous deux administrateurs, pour les remercier de la bonté avec laquelle ils avaient bien voulu applaudir à mes essais. Un fragment de cette lettre a été inséré depuis dans le *Moniteur.* Je vais la transcrire ici :

« Monsieur le Rédacteur, en différens temps on a essayé d'ap-prendre à parler aux sourds-muets ; mais, cet art a toujours laissé quelque chose à désirer. Un contraste frappant s'est constamment

« soixante sourds-muets à instruire, si je donnais
« seulement à chacun deux minutes pour l'usage
« de la prononciation et de la lecture, cela me
« prendrait deux heures entières ; et quel serait

---

fait sentir entre la physionomie mobile, pleine d'expression, le geste vif et animé de ces êtres intéressans, et leur voix rauque et mal articulée, sans accent ni rhythme. A la rigueur, le sourd parlant pourrait négliger les agrémens de la parole, et même l'accent, âme de la voix, pourvu qu'il articulât assez distinctement. Mais, outre que la prononciation ne peut se passer de prosodie, il subsiste un obstacle à ce que le sourd jouisse de tous les avantages de la parole. C'est cette incurable surdité même qui, comme un voile impénétrable placé entre les interlocuteurs, empêche qu'ils n'apprennent, non à parler isolément, mais à s'entretenir verbalement, à se communiquer leurs pensées. La voix la plus forte n'est jamais entendue par le sourd, et par conséquent toute question reste sans réponse. Aussi, pour porter cet art au degré de perfection dont il est susceptible, il faudrait pouvoir se servir de l'œil à défaut de l'oreille, apprendre au sourd à lire la parole sur les lèvres de celui qui parle, pour qu'il pût répondre exactement à la question ; il serait nécessaire aussi de lui faire observer la mesure, qui donne tant de netteté et de précision à la parole ; enfin, on ne pourrait se dispenser de restituer en quelque sorte l'accent de la voix, qui en est presque totalement dénuée.

« Ces difficultés ne sont pas insurmontables, et l'instituteur peut les vaincre, à l'aide d'exercices préparatoires, qui sont du ressort de la mère, et qui doivent commencer dès l'âge le plus tendre, et presque avec la vie. Ces exercices constituent l'éducation organique et naturelle. En effet, ce n'est que par les soins assidus de la mère, que l'enfant apprend à agir, regarder, marcher, manger, à faire entendre des voix, et à former quelques articulations confuses. Jusque-là, tout va bien ; et, si l'exercice de l'instrument vocal n'était pas bientôt interrompu, il suffirait, à l'âge de raison, de quelques leçons de l'instituteur, pour apprendre à parler aux muets. Mais, il en arrive autrement. Cette douce sécurité est tout à coup troublée. Quel moment de désolation, quand cette tendre mère s'aperçoit que son malheureux enfant est privé du sens de l'ouïe, et qu'environné d'un silence éternel, il ne lui fera jamais entendre

« l'homme assez robuste pour soutenir une telle
« opération ? etc. »

On voit par-là que l'abbé de l'Epée ne donnait
pas plus d'importance à la parole qu'elle n'en doit
avoir, qu'il ne la considérait que comme un moyen
de communication de plus pour s'entendre avec
un sourd-muet. Le principal, à ses yeux, était la
méthode, ou l'art d'instruire les sourds-muets à la

---

ce langage naïf, charme de cet heureux âge, si doux au cœur d'une
mère ! Dès lors elle cesse de lui parler. Préjugé funeste ! Les gestes
mêmes sont négligés ; plus de rapport, plus de commerce entre la
mère et l'enfant. Le premier anneau de l'ordre social reste pour
un instant rompu. Le sein maternel semblerait même se refroidir,
si l'on ne savait pas qu'il est tout amour, et qu'il serait le refuge
du sentiment, en supposant qu'il pût jamais s'éteindre dans le
cœur des hommes ! Mère tendre et généreuse ! voyez cette innocente créature vous sourire de son berceau ; pour le salut de son
avenir, ne vous laissez pas abattre par la douleur ; ranimez ce
feu divin, qui ne doit point s'éteindre : la plus douce récompense
vous est promise, et sera votre partage. En continuant à exercer
l'organe de la parole, vous parviendrez à communiquer à cet instrument assez de souplesse et de facilité pour exécuter tous les
mouvemens. N'en doutez point, vous contribuerez pour beaucoup
au succès qui couronnera un jour votre ouvrage et celui de l'instituteur qui vous succédera dans votre noble tâche. Votre enfant
n'entend plus la voix, mais *il voit les articulations qui la produisent ;* il a en quelque sorte la langue et les oreilles dans les
yeux ; il a l'instinct de l'imitation. Les voix alors ne s'éteignent
plus ; elles ne cessent pas d'être liées aux articulations ; elles con-
servent même l'accent de la nature, qui se montre quand la chaleur
du sentiment commence à échauffer ce jeune cœur, et que les premières étincelles de raison percent les ténèbres de son esprit nais-
sant. C'est alors que l'instituteur parvient à donner de la valeur
à ces mouvemens, et qu'il enseigne à son élève à exprimer ses
idées par la parole comme avec le geste.

« Recevez, monsieur le Rédacteur, etc. »

faveur des signes naturels, qu'on ne peut exclure, puisque toute éducation commence par-là, au moyen de l'écriture, et en se servant d'un alphabet manuel dont nous allons parler.

Quand on apprend à parler à un sourd-muet, on a soin de faire précéder cet exercice par le développement de l'intelligence. S'il prononce un mot, il en connaît déjà la valeur. Les mots parlés ou écrits ont peu d'analogie avec leur objet, à moins que l'accent, le geste et le dessin de cet objet n'aient précédé. Si la parole, naturelle chez les enfans bien organisés, est pour eux une *méthode analytique* en même temps qu'un moyen de s'entendre, c'est qu'elle est précédée et accompagnée des signes naturels et des accens, qui en sont les interprètes. C'est que toujours les personnes qui entourent les enfans, leur expliquent et nomment les objets qui frappent leurs regards; tandis que les seuls moyens naturels de communication avec le malheureux sourd-muet, sont les gestes. Les Grecs regardaient les individus frappés de mutisme et de surdité, comme des victimes marquées par le destin, et ils les sacrifiaient aussitôt qu'ils avaient atteint l'âge où il n'était plus possible de douter de cet oubli ou de cette barbarie de la nature.

Les gestes du sourd-muet isolé, dans leur état brut et grossier, bien qu'indispensables pour faire naître les idées sensibles, n'étant aucunement travaillés par la civilisation, ne peuvent être une méthode analytique comme une langue faite. Les gestes des sourds-muets, restés à leur timide ébauche, répondent à la langue, quand elle ne consiste encore qu'en accens inarticulés, en onomatopées vagues. Les gestes encore mal formés, et la langue, dans son état originel d'accent, d'onomatopée, ne peignent que des sensations; ils n'expriment point d'idées, puisqu'ils ne représentent aucun objet extérieur bien distinct. L'homme est encore tout intérieur.

Le troisième moyen de communication est dû en entier au génie de l'homme. Avant l'invention de l'écriture, on peignait les objets même, et non pas les sons, soit directement, comme faisaient les Mexicains, et ainsi que cela se pratique à l'Institution de Paris, pour reproduire, en quelque sorte, l'objet, et en fixer l'image dans l'esprit, soit par des figures allégoriques, à la manière des anciens Egyptiens. En second lieu, on représenta les mots et les propositions, par des caractères conventionnels. Cette écriture est celle des Chinois. La nôtre, enfin, semble le dernier effort du génie. Cette conception admirable de réduire tous les élémens de la parole à un petit nombre, et de les représenter par autant de caractères, est le chef-d'œuvre de l'esprit humain.

L'écriture se distingue principalement des autres moyens de communication, par la *permanence*. Cette stabilité, qui est un ressort pour la mémoire, permet à l'esprit de coordonner les idées, et de

les communiquer, ou de les recevoir d'une manière méthodique. Les signes, au contraire, la
parole et l'alphabet manuel, de leur nature suc-
cessifs, passent avec l'instant de l'énonciation : leur
champ est le temps; celui de l'écriture est l'espace.
On doit donc, avec raison, regarder l'écriture
comme le principal moyen de communication,
parce qu'elle facilite extrêmement l'emploi de l'a-
nalyse. Mais, il ne suffit pas d'apprendre à écrire,
comme il ne suffit pas d'apprendre à articuler. Il
faut en outre donner l'intelligence de l'écriture et
de l'articulation à la faveur des procédés dont je
vais parler.

L'ordre dans lequel je viens d'exposer les trois
moyens de communication, gestes, paroles et écriture, est établi par la nature. Il faut y en ajouter
un quatrième, qui est une suite de l'écriture, et
qui est particulier aux sourds-muets : c'est l'alphabet manuel.

Cet alphabet ingénieux, appelé *dactylologie*, ou
discours avec les doigts, nous vient des Espagnols.
Les gens du monde le confondent avec l'alphabet
des écoliers, qui exige les deux mains et différens
mouvemens des pieds et du corps. Le premier, qui
est la simplicité même, se fait en imitant, par la
disposition des doigts d'une seule main, toutes les
lettres de l'alphabet; de manière que trois doigts,
renversés verticalement, figurent un *m*; deux seulement, un *n*; l'index et le pouce rapprochés, un *o*,
etc. C'est un sixième ordre de choses, dont voici

l'énumération. L'objet naturel, le dessin, le signe, la parole, l'écriture, et enfin l'alphabet manuel, qui n'a plus du tout d'analogie, non plus que l'écriture, avec l'objet nommé ; il est tout-à-fait arbitraire : c'est une sorte d'écriture ou de parole aussitôt anéantie que formée ; elle se lit dans les yeux, ou presque mentalement, et de même que l'on dessine les objets pour en fixer l'image dans l'esprit et donner de la valeur aux mots, de même on fait prendre à la main la forme des lettres. C'est encore, non pas prononcer, mais articuler avec la main et sans voix ; c'est une articulation muette. Les sourds-muets se servent peu de cet alphabet quand ils s'entretiennent entre eux, non plus que des signes conventionnels ; ils n'y ont recours que lorsque l'objet de leur discussion n'est pas bien connu : ne sachant comment le peindre, ils le nomment. C'est avec l'alphabet manuel que peuvent s'entretenir les sourds-muets et les aveugles, à l'aide de l'écriture en relief de ces derniers. Ce sont les premiers qui donnent la leçon aux autres.

Voici, à ce sujet, une lettre que je fis insérer dans la *Gazette de France*, le 8 septembre 1814.

« Vos lecteurs ne parcourront peut-être pas sans intérêt quelques détails sur la manière ingénieuse avec laquelle les sourds-muets sont parvenus *seuls* à se communiquer leurs idées dans l'obscurité. Outre les gestes inspirés par la nature, d'un usage habituel, ils se servent encore d'un alphabet manuel, qui consiste à donner à la main la forme des lettres.

Ce moyen semblerait ne pouvoir se passer de la présence de la lumière, et pourtant les ténèbres ne sont point un obstacle. L'isolement dans lequel se trouvent quelquefois les sourds-muets, pendant les longues nuits d'hiver, leur a fait imaginer de suppléer la vue par le toucher. En donnant la forme des lettres à leur main, placée dans celle de leur interlocuteur, l'alphabet manuel, au lieu de s'adresser à la vue, imprime leur pensée dans la main de celui à qui ils parlent ; ils ont encore un autre moyen plus simple, c'est celui d'écrire avec un doigt, en appuyant un peu sur le dos ou sur la main de cette même personne. Cette écriture fugitive et sans couleur, meurt à sa naissance, et se lit par sentiment.

« En l'absence de la lumière, veulent-ils communiquer avec quelque camarade sans instruction, borné aux seuls signes naturels, ils redoublent d'industrie ; et ce qu'ils ne peuvent lui dire par l'écriture, ni même par l'alphabet manuel, à l'œil ou à la main, ils lui en font faire les signes. A cet effet, ils se placent derrière le nouvel élève, étendent leurs bras le long des siens, et lui font imiter, en les exécutant avec lui, les signes naturels qu'ils lui adresseraient en plein jour.

« Cette invention est bien autrement utile, lorsque quelques-uns de ces infortunés sont assez affligés pour perdre encore la vue : ceci n'est point une supposition : il y a en ce moment, à l'Institution de Paris, une sourde-muette devenue aveugle.

Sans doute les gestes sont pour jamais couverts d'un voile impénétrable à l'observation d'un sourd-muet devenu aveugle; mais, il a toujours la ressource de faire exécuter ses gestes à celui qu'il veut entretenir; il a en outre l'écriture sur le dos ou sur la main, quoique sans trace visible; enfin, cet alphabet manuel, dont il ne faisait qu'un usage passager, il est forcé de l'employer constamment, puisqu'il n'a plus que ce point de contact avec ses semblables.

« Agréez, monsieur le Rédacteur, etc.

Nous allons rapporter, à l'appui de cette lettre, un fait extraordinaire tiré de l'ouvrage de M. Keratry. (*Inductions morales et physiologiques.*)

Il existe, dans le département d'Isle-et-Vilaine, un homme (M. Judicelli, ancien directeur des droits réunis, à Rennes) qui, après avoir perdu l'usage des yeux, est resté, pendant dix ans, chef d'une administration financière. Les personnes qui l'ont approché, attesteraient qu'il s'est acquitté de ses fonctions avec une sagacité rarement en défaut. Une surdité totale l'ayant obligé de donner sa démission, il s'est borné à la conduite de ses affaires personnelles, au sein de sa famille. On l'a vu communiquer avec celle-ci, à l'aide de caractères saillans déposés entre ses mains. Aveugle, il a fait construire, sur ses dessins, un hôtel d'une architecture élégante, dont il a surveillé l'exécution. Une réduction cruelle de facultés, ne l'a pas empêché de modeler, en cire, un jardin d'un goût agréable, et où, se faisant porter, par la seule perspicacité de son tact, il a, plus d'une fois, rectifié le travail de l'entrepreneur. La rigueur du ciel lui réservait une paralysie complète des bras, des jambes, des cuisses et de la surface extérieure du corps. Frappé dans les dernières relations morales qu'il s'était créées, il se fût bientôt éteint, si, en lui effleurant la joue, on ne lui eût appris que ce triste et dernier asile restait à sa sensibilité. Alors, en conformité de ses désirs, car il n'a pas perdu l'usage de la voix, on trace des caractères sur cette partie du visage ou le tact s'est réfugié.

M. l'abbé Sicard a donné une méthode qui est l'analyse par excellence. Avec cette méthode, on nomme, décrit et définit les choses; on rapproche les idées, on les fait contraster par la différence, fruit du discernement. Discerner c'est juger. Le jugement est l'œil de l'intelligence. La première manière d'envisager les idées, établit des synonymes dans les mots. La seconde donne à chacun sa signification particulière. De là les noms propres, d'où il suit qu'il y a d'autant moins de synonymes dans les mots qu'on a de sagacité à démêler les nuances de signification. Aussi a-t-on soin d'établir dans l'école, qu'il n'y a pas de synonymes. L'instruction peut être considérée comme un voyage dont l'élève doit seul faire l'itinéraire. Le maître est simple compagnon. Il présente les idées dans des rapports absurdes ou ridicules, pour étonner l'âme, hâter le développement de l'intelligence, et faire ressortir la vérité. On procède par exclusion. Avec cette méthode on conduit les élèves de ce qu'ils savent à ce qu'ils ignorent ; des objets physiques aux idées abstraites , des plus simples opérations des sens aux opérations les plus compliquées de l'esprit. On est guidé en cela par la véritable étymologie des mots, celle que l'on est obligé de déduire de la génération des idées ou ordre naturel de leur formation. Pour leur apprendre la grammaire, des procédés simples leur font connaître la contexture de la phrase , de la période, et toute l'économie du discours expositif et interrogatif. Des tableaux synoptiques mettent en regard, sous un seul et unique point de vue, tous ces procédés. Une série de questions vient toujours après le discours expositif, pour en être comme la contre-épreuve. Peu à peu on parvient à leur inspirer le goût de la lecture, que l'on gradue , sans laquelle il est presque impossible d'arriver à une instruction complète. Tout l'art de l'instituteur réside essentiellement dans cette méthode Socratique de poser les questions, et de les lier par le fil secret de la déduction, de telle sorte que l'on puisse conduire l'esprit de l'élève comme avec la main , de l'effet à la cause, du principe à la conséquence. Ce fil est l'analyse, à l'aide de laquelle on marche toujours avec son élève. Comme les esprits sont inégaux, que les dispositions sont différentes, il est bien important de connaître le degré d'intelligence des élèves , pour ne pas leur faire de question au-dessus de leur portée. Les fautes que fait l'élève, dans une composition, ont les mêmes causes, et se corrigent par les mêmes moyens. Supposons une erreur produite par la distraction. Pour faire corriger cette erreur, le maître indique le mot à corriger ; il reste immobile, silencieux ; il attend que l'élève se corrige lui-même. Lorsque la faute provient de l'oubli d'une règle qui n'aurait pas été bien conçue, on s'en assure par diverses questions, et on voit l'étonnement de l'élève, lorsqu'un rayon de lumière lui découvre la vérité.

Je terminerai ici cette lettre, bien longue sans doute, mais qui renferme assez de faits et de développemens pour mériter l'intérêt de tous les amis de l'humanité.

Recevez, je vous prie, Monsieur, l'assurance de mes sentimens distingués.

PAULMIER.

NOTES.

(1) Barthélemi de *Las Casas*, le magnanime évêque de Chiapa, le courageux défenseur des Indiens, le propagateur du christianisme et de la morale, le missionnaire du Nouveau-Monde, l'ornement de l'humanité, dont le nom se rencontre dans toutes les histoires, sur les théâtres, et dans les fictions même, appartenait à une famille dont le chef, vers la fin du 11e. siècle, passa les Pyrennées à la suite de plusieurs Princes français qui allaient combattre les Maures. Le comte Henri de Bourgogne, fondateur du royaume de Portugal, ayant attribué le succès d'une bataille à ce chef, qui portait son étendard, lui donna, pour sa part du butin, *todas las casas*, c'est-à-dire, toutes les habitations des Maures qui pouvaient être vues du champ de bataille.

En 1200, Charles de Las Casas fut du nombre des Grands d'Espagne qui accompagnèrent Blanche de Castille, lorsque cette princesse vint épouser Louis VIII, père de Saint Louis.

Le 17e. descendant direct de cette célèbre famille, depuis son établissement en France, Emmanuel-Auguste-Dieudonné, comte de *Las Casas*, auteur de l'*Atlas historique*, si connu sous le nom de *Lesage*, l'un des plus ingénieux monumens que la science et la patience aient élevé aux Filles de mémoire, s'est fait remarquer par son généreux attachement à Napoléon, dont il était chambellan, et qu'il suivit à Sainte-Hélène, d'où il ne fut éloigné que par la violence du gouverneur anglais, sir Hudson Low, qui, pour être immortel, mettrait le feu à un nouveau temple d'Ephèse. Après une année de captivité et de mauvais traitemens inouis, le comte de Las Casas fut jeté sur le continent, et obligé de se retirer à Francfort. (*Voy*. ses mémoires, *vol. in*-8°. 1819.)

(2) M. de Malesherbes avait vécu comme Socrate; il devait

mourir comme lui. Mais, sa mort fut plus douloureuse, puisque avant de cesser de vivre, il eut sous les yeux l'affreux spectacle de la mort d'une partie de sa famille, et qu'on différa son supplice pour en augmenter la cruauté.

Ainsi finit de servir sa patrie, en même temps qu'il cessa de vivre, l'un des hommes les plus dignes de l'estime et de la vénération de ses contemporains et de l'avenir. On peut dire qu'il honora l'espèce humaine par ses hautes et constantes vertus, en même temps qu'il la fit aimer par le charme de son caractère. (Voyez *Essai sur la vie, les écrits et les opinions de M. de Malesherbes*, par M. Boissy d'Anglas.)

(3) Le gouvernement des Etats-Unis d'Amérique était trop sage, trop éclairé, trop philantrope, pour ne pas procurer bientôt aux citoyens du Nouveau-Monde, les bienfaits d'une institution non moins importante qu'admirable. En 1814, pendant que vingt peuples réunis fondaient ensemble sur un peuple épuisé, le gouvernement des Etats-Unis envoyait chez ce peuple malheureux, un jeune ministre protestant, dont l'honorable mission était d'étudier, sous l'illustre successeur de l'immortel abbé de l'Epée, la science dont ce grand citoyen avait fait don à sa patrie.

M. Gallaudet passa plusieurs mois dans l'Institution, et suivit avec un vif intérêt les cours particuliers et les savantes instructions de M. l'abbé Sicard, montrant, par sa pénétration et par son amour pour l'étude, les dispositions qu'il tenait si libéralement de la nature, et que doublait le désir de justifier la confiance de son gouvernement.

De nouvelles instructions permirent à M. Gallaudet de rendre sa mission d'une plus grande utilité pour son pays. Il s'était lié avec un jeune sourd-muet, dont la prodigieuse intelligence et les belles qualités annonçaient un homme non moins extraordinaire que Massieu, dont il était le condisciple et l'ami: Laurent *Clerc*, de Lyon, déterminé par l'amitié et par un zèle ardent pour l'humanité, consentit à suivre M. Gallaudet, à s'expatrier au moins pour long-temps, à transporter à quinze cents lieues de son pays natal, la doctrine des de l'Epée et des Sicard.

A peine arrivé aux Etats-Unis, le gouvernement s'empressa de mettre à sa disposition quatre-vingt-dix mille francs pour subvenir aux premières dépenses d'un établissement qu'il forma aussitôt dans l'état du Connecticut, établissement dont il est à la fois le fondateur et le directeur, et dont la prospérité est des plus brillantes.

(4) Des sophistes, des hommes de mauvaise foi ont cherché à répandre sur ce mot, si noble et si expressif, un ridicule dont il ne devait jamais être l'objet. Le mot *libéral*, comme le mot *philosophe*, a excité, depuis quelque temps surtout, l'antipathie de gens qui ne sont ni *philosophes* ni *libéraux*. Sous la domination de *l'ergotisme* et de *l'interprétation*, on devait tout dénaturer. Les idées simples et justes cessent de l'être pour les hommes de parti. Les mots qui expriment ces idées ne peuvent plus avoir la même valeur. Pendant que les braves combattaient les ennemis de la patrie, des braves d'une tout autre espèce faisaient courageusement la guerre aux *idées* et aux *mots*. Les premiers ont succombé, les autres croient triompher encore.....; ils ont dit constamment, ils répéteront toujours, comme l'abbé Galiani : *Notre intérêt dicte notre opinion.* Honneur... honneur! mot impropre; profit, profit aux vainqueurs...! Toutefois, un *esprit libéral* est et sera toujours, pour un *bon français*, l'équivalent d'un *esprit noble, grand, généreux*.

(5) Si une rigoureuse justice voulait qu'on déplorât, il y a cinquante ans, le langage demi-barbare des orateurs du barreau français, quelle affliction profonde n'éprouverait pas l'observateur moraliste qui se rendrait un juste compte de la singulière éloquence développée aujourd'hui par la plupart de nos avocats.

Au barbarisme des mots, aux locutions instituées, on a substitué une langue qui, certes, n'est pas celle des Montesquieu, des Buffon, des Rousseau. *L'étrangeté* se manifeste dans la pensée comme dans l'expression : le barreau, pour un certain nombre d'avocats, a cessé d'être français.

Il est heureusement loin de nous ce temps où ce n'était plus le désir de faire triompher la justice qui enflammait l'orateur. Le monstre de la politique exerçait sa tyrannie sur le ministère public, sur le juge, sur l'homme de loi. Quelles sont les opinions politiques du prévenu ? demandait le fougueux accusateur. Quelle est la bannière de mon client ? demandait l'imprudent jurisconsulte. Quel est le défenseur ? demandait le le magistrat passionné ; et la perte ou le triomphe de la cause était presqu'assuré à la seule inspection des couleurs.

Déplorable effet des passions qui combattaient avec le glaive de Thémis, et faisaient à leur gré pencher sa balance.

Mais, était-ce là le seul scandale dont les annales judiciaires nous offraient le tableau ? Non.

Le droit ou le délit était peu de chose, souvent rien. La réputation honorable de l'accusé ne militait point en sa faveur. Jeune, il était imbu des plus mauvais principes ; vieux, c'était un vétéran de la révolution. Il fallait, s'il avait le malheur de marcher sous les phalanges constitutionnelles, les seules barrières que la sagesse humaine puisse opposer jamais aux excès des révolutionnaires, quels qu'ils soient, le livrer à l'animadversion d'un parti dont peut-être dépendait ses moyens d'existence, le placer en quelque sorte sur la scellette de l'opinion, l'abandonner aux outrages des diffamateurs gagés. Si je triomphe, dit l'adverse partie, il sera deux fois puni ; si je perds, il sera défavorablement signalé. Homme que je n'ose qualifier ! ignores-tu, ou feins-tu d'ignorer que la calomnie fait des blessures qui ne se cicatrisent jamais.

Oh ! combien cet esprit de vertige a fait de mal à ma chère patrie ; mais, l'équité a repris, pour n'être plus méconnus, sans doute, ses droits sacrés.

Espérons aussi que l'éloquence du barreau deviendra simple comme la vérité dont elle est la compagne et la protectrice. Au lieu de ces exordes à la *Petit-Jean,* de ces expositions captieuses, de ces digressions sans fin, de ces tableaux dignes du mélodrame, de ce style boursouflé, incorrect, incompréhensible, enfin de cette abondance stérile, épidémie effroyable, nous entendrons ces propositions lumineuses, fortes, laconiques, invincibles qui charment l'esprit sans l'égarer, et qui ne laissent point au vaincu la triste ressource d'accuser l'adresse de son adversaire et la perfidie d'un talent qui l'eût fait triompher, s'il l'eût employé.

Alors, tel avocat, d'abord célèbre par un beau talent, ne sera plus cité pour le luxe de sa maison; il ne vendra point cent mille écus une clientelle acquise en moins de dix années; il ne renoncera pas au rôle de citoyen utile pour augmenter le nombre des hommes d'état, obscurs ou dangereux.

L'un de nos plus illustres avocats (M. Dupin, qui nous pardonnera sans doute de le nommer), partage notre opinion sur le barreau, *avant*, mais non *depuis* la révolution.

Un si bon juge en cette matière serait bien fait pour nous porter à modifier cette note; mais, le public, notre juge à tous, sait fort bien que nos excellens orateurs sont en minorité, et que l'on trouve à la tête des mauvais, qui n'en sont que plus célèbres, les..... Nous nous abstiendrons de nommer ou de désigner personne. Ces hommes, si ridiculement fameux, appartiennent de droit aux peintres des mœurs; d'autres diraient aux Bamboche et aux Callot de la littérature.

(6) M. l'abbé Fauchet; *Oraison funèbre de l'abbé de l'Epée.* Paris, Lottin-de-St.-Germain, 1790.

(7) On lui offrit un évêché en reconnaissance d'un service personnel que son père avait rendu au cardinal de Fleury. On juge assez qu'une dignité si sainte, offerte par un tel motif à un prêtre de VINGT-SIX ANS qui avait de la religion, ne pouvait être acceptée par lui, ni par sa vertueuse famille.

(8) Si l'abbé de l'Epée était inébranlable dans ses opinions religieuses, et inflexible envers lui-même, il était essentiellement bon, humain et indulgent pour les autres. Homme éclairé, véritable pasteur, il voulait gagner des cœurs à la religion, et la faire regarder comme la consolatrice des affligés et le guide le plus sûr. Ennemi de l'intolérance, il blâma toujours, et sans

aucun ménagement, les persécutions qui font des martyrs et jamais de convertis. Il répétait souvent cette belle maxime d'*Henri-le-Grand*, qui mourut, comme on sait, victime du fanatisme qui l'avait poursuivi pendant sa vie entière : *Tous ceux qui sont bons, sont de ma religion.* Il aimait aussi à répéter avec *Fénélon*, dont il admirait les rares vertus : *Souffrons toutes les religions, puisque Dieu les souffre.* Marmontel a dit : *On n'éclaire point les consciences avec les flammes des bûchers.* Après avoir cité les paroles d'un si grand roi et celles d'un sage et d'un philosophe, me sera-t-il permis de terminer une simple note par ces mots sacrés du Législateur des chrétiens? *Ne jugez pas les autres, vous qui devez être jugés.*

(9) *Les supplices éternels !* Cette idée fait frémir. Quel est l'être assez grand, assez fort, assez juste, assez pur, assez au-dessus de son espèce, assez chéri de Dieu, pour oser interpréter la pensée, ou pénétrer les secrets de la puissance suprême, de cette puissance immense, absolue, immuable, incompréhensible, qui régit l'univers; pour annoncer aux hommes un jugement terrible, inévitable et sans fin? C'est un homme. Un homme! Quoi! c'est mon semblable, mon frère, qui me déshérite de l'avenir, qui se rend l'organe sanguinaire, le ministre des vengeances de Dieu, de Dieu outragé, crucifié, résigné, et qui pardonne en mourant! Téméraire! Sacrilége! Ne crains-tu pas le châtiment dont tu nous menaces? Quelle a été ta vie, jusqu'au moment où tu fulmines contre nous? Que feras-tu plus tard? Diras-tu que tu as été, que tu seras infaillible? Non. Il faut cependant que tu te croyes tel dans ton cœur, pour juger et condamner; autrement, tu n'ignorerais pas que tu es, comme nous, sujet aux passions désordonnées, aux faiblesses et aux vertiges, à toutes les infirmités dont nous ressentons les effets, sans pouvoir en expliquer suffisamment les causes! Juge inflexible, régulateur audacieux, dispensateur sans mission de châtimens prétendus célestes, tu craindrais qu'on ne voulût connaître ta vie. Toi qui interroges sans cesse, réponds à ton tour? N'as-tu jamais menti, trompé, souillé tes

mains, tes yeux, ton cœur? La femme d'autrui, la jeune vierge, une amie sans défiance, n'ont-elles jamais excité ta convoitise? L'or est-il sans valeur pour toi? Les honneurs et les dignités d'un monde corrompu, te trouveront-ils insensible à leurs charmes dangereux et coupables? Jetteras-tu la première pierre...?

Sois indulgent, pour trouver des juges sensibles; généreux, pour être traité avec humanité. Que le fiel n'abreuve point ton cœur, et ne découle point de ta bouche. Souffre, et abstiens-toi.

En méditant les orateurs chrétiens, je me suis arrêté avec effroi à ces paroles extraordinaires :

« Savez-vous, mes frères, ce que c'est que l'éternité? Un « balancier qui semble dire : Toujours... jamais... jamais... tou- « jours... et toujours. Un réprouvé demande : Quelle heure est- « il? Un autre réprouvé répond : L'éternité. »

Voilà des images sublimes qui frappent mon esprit, mais qui ne disent rien à mon cœur, qui tourmentent ma foi. Point de doute que l'éternité existe pour qui n'est plus. Mais, que prétend ce terrible missionnaire (le P. Bridaine), en parlant d'un ré- prouvé? Qu'il y a des supplices éternels? D'où le sait-il? Qui le lui a dit?

Les morts, après mille ans, sortent-ils du tombeau?

Est-ce Dieu qui l'inspire? Non, non.... non. C'est une fiction imposante, un trait admirable d'inspiration; mais, ce n'est que cela. Ce ministre d'une religion toute pacifique (que le fana- tisme s'efforce de dénaturer), n'est qu'un orateur éprouvant un beau mouvement de l'éloquence, que nous nommons sacrée. Je retrouve cette même image de l'éternité dans un poète dont les muses françaises pleureront long-temps la perte (Gilbert).

Sur les mondes détruits, le temps dort immobile.

Divins effets de l'enthousiasme, vous vous retrouvez dans toutes les langues du génie; mais, qui ne préférera point l'idée du favori des chastes muses : il n'y a point de *réprouvé* dans son Eternité.

Dieu est bon. L'homme méchant seul peut croire que Dieu est méchant.

(10) Voyez *Vie de messire Jean Soanen, évêque de Senez.* Cologne, 1750.

(11) Vauvenargues.

(12) Je n'ai jamais commis de ces fautes qui tuent les âmes; mais, je suis épouvanté quand je réfléchis combien j'ai mal répondu à une si grande faveur du ciel. Ce sont les grands combats qui font les grands saints : Dieu a tout fait pour mon salut, et je n'ai rien fait qui réponde à l'excellence de sa grâce. — *Même Oraison funèbre.*

(13) *Dictionnaire des sciences et des arts, tome 2. — La véritable manière d'instruire les sourds et muets, confirmée par une longue expérience, par M. l'abbé* *** (de l'Epée), *in-12.* Paris, Nyon l'aîné, 1774. Cet ouvrage a été traduit en allemand. — J. J. Rousseau, *Essai sur l'origine des langues.* — Condillac, *Cours d'étude,* etc. tome 1, 1re. *partie, chap.* 1. — OEuvres de la Metherie, *Traité de l'âme.* — *Même Oraison funèbre.* — L'abbé Deschamps, *Education des sourds-muets.* — Alhoy, *De l'éducation des sourds-muets de naissance, in-8°.* Paris, an VIII. — Rey-Lacroix, *La sourde-muette de la Clapière,* ou *Leçons données à ma fille, in-8°.* Béziers, an IX. — *Cours d'instruction d'un sourd-muet de naissance, par M. l'abbé Sicard.* Paris, Léclere, an VIII. — *Théorie des signes, pour servir d'introduction à l'étude des langues, 2 vol. in-8°., par le même.* — *Biographie universelle, tome* 13. — *Voyage de Joseph II, en France.* — *L'Abbé de l'Epée, drame.* — *Causes célèbres, tome* 55. Juillet 1779. — *Notice historique de ce qui s'est passé à l'Institution des Sourds-Muets, le jour où S. S. Pie VII a visité cette institution, in-8°.* Paris, 1805. — *Recueil des définitions et réponses de Massieu et Clerc aux questions qui leur ont été faites dans les séances publiques de M. l'abbé Sicard, à Londres, vol. in-8°.* Londres et Paris, *anglais et français,* 1815. — *Discours composé par Clerc, et lu par M. Gallaudet, lors de l'examen des*

élèves de l'établissement, dans le Connecticut, devant le gouverneur et les deux chambres de législature, trad. de l'anglais. Genève et Paris, *in-8°.* 1818.

(14) Il est curieux de lire dans l'ouvrage même de l'abbé de l'Epée, l'incident qui lui fit connaître le livre de don Bonnet.

Un jour d'instruction, dit-il, un inconnu vint m'offrir un livre espagnol, en m'assurant que, si je voulais bien l'acheter, je rendrais un vrai service à celui qui le possédait : je répondis qu'il me serait totalement inutile, puisque je ne savais pas cette langue. Mais, en l'ouvrant au hasard, j'y aperçus l'alphabet-manuel des Espagnols, bien gravé en taille-douce : il ne m'en fallut pas davantage, je le retins.

J'étais dès lors impatient de la longueur de ma leçon ; mais ensuite, quelle fut ma surprise lorsqu'ouvrant mon livre, à la première page, j'y trouvai ce titre : *Arte para ensènar à hablar los Mudos.* Je n'eus pas de peine à deviner que cela signifiait : *L'Art d'enseigner aux muets à parler ;* et, dès ce moment, je résolus d'apprendre cette langue pour me mettre en état de rendre ce service à mes élèves.

(15) C'est-à-dire, à faire entrer, par leurs yeux dans leur esprit, ce qui est entré dans le nôtre par nos oreilles.

(16) *L'Art des signes méthodiques.*

(17) *La véritable manière d'instruire les sourds et muets.*

(18) *Cours d'instruction d'un sourd-muet.*

(19) Le P. *Ponce,* religieux bénédictin du monastère d'Ona, en Espagne, mort en 1584, paraît avoir pratiqué le premier l'art de faire parler les muets ; mais, il n'a point fait connaître sa méthode. Don Juan Paolo *Bonnet* publia, en 1620, un ouvrage où il développe les principes qui l'ont dirigé dans l'éducation du frère du connétable de Castille, devenu sourd à l'âge de 4 ans, et qui, au moyen de la méthode de son instituteur, apprit à prononcer distinctement la langue espagnole, et même à converser facilement dans cette langue.

Don Bonnet eut un grand nombre d'émules : *Wailly, Digby,*

Wallis et *Burnet*, en Angleterre; Emmanuel *Ramirez*, de Cortone ; Pierre *de Castro*, de Mantoue ; Conrad *Amman*, médecin suisse qui exerçait en Hollande ; *Van-Helmont*, philosophe allemand, etc.

Quoique répandu dans toute l'Europe, l'art de faire parler les muets n'était pas connu en France. Comme on l'a déjà observé, Dom Antonio *Pareirès*, établi à Paris vers l'an 1735, profita de l'ignorance où l'on était, et se donna pour l'inventeur de l'art. L'Académie des Sciences lui confirma ce titre, et approuva une méthode dont elle ne connaissait pas les élémens. Pareirès faisant un mystère des moyens qu'il employait, quelques années après, un M. *Ernaud*, également établi à Paris, publia ses procédés, sollicita et obtint de la même Académie, le titre d'inventeur.

Les deux rivaux, qui ne vivaient pas en parfaite harmonie, furent bientôt cruellement désappointés en apprenant que les noms de Bonnet, de Conrad Amman et de Van-Helmont, n'étaient plus un secret pour le monde savant.

M. de l'Epée acheva de les discréditer par l'invention des *signes méthodiques*, qu'il substitua à la *méthode de la parole*, employée par tous ses prédécesseurs ; et, pour prouver qu'il ne s'écartait pas de la route tracée par impuissance de la parcourir, il rend compte ainsi de ses heureuses tentatives.

« J'ai mis M. Clément de la Pujade en état de prononcer en public un discours latin de cinq pages et demie, et dans l'exercice de l'année suivante, il a soutenu une dispute en règle sur la définition de la philosophie dont il avait détaillé la preuve, et répondu en toute forme scholastique aux objections de M. Didier l'un de ses condisciples. (Les argumens étaient communiqués.)

« J'ai mis une sourde et muette en état de réciter de vive voix, à sa maîtresse, les 28 chapitres de l'évangile selon St.-Mathieu, et de dire avec elle l'office de primes, tous les dimanches, etc. »

L'art des signes que les sourds-muets apprennent d'eux-mêmes, leur langage naturel, et qui avait été regardé jusqu'à ces derniers temps comme un moyen de communication auxiliaire pour les jeunes élèves, et une dernière ressource pour ceux dont les organes ont perdu leur première flexibilité, cet art, en un mot, si simple et si facile aux yeux du vulgaire, est devenu entre les mains de l'abbé de l'Epée et de M. l'abbé Sicard un chef-d'œuvre de métaphysique, une science profonde, une langue universelle dont les élémens puisés dans la nature révèlent la substance des choses en même-temps qu'ils indiquent les caractères qui servent à les faire reconnaître. (*V.* les ouvrages précités.)

(20) *Voyez* les mêmes ouvrages.

(21) L'Académie de Zurich.

(22) M. de Nicolaï, de l'académie de Berlin.

(23) *Causes célèbr.* — *L'Abbé de l'Epée, drame.* — *Biogr. univ.*

(24) M. le duc de Penthièvre. Ce prince, qui honorait M. de l'Epée de son estime, lui en donna une marque flatteuse dans la lettre suivante, qu'il lui fit écrire par M. l'abbé Lenoir, chef de son conseil.

« Monseigneur le duc de Penthièvre a accordé une pension de 800 livres à M. de Solar. Ce jeune homme la doit uniquement à vos bontés pour lui, et aux peines que vous vous êtes données pour constater son état. Je vous prie de me permettre de faire insérer, dans le brevet, qu'elle sera payée sur vos quittances. C'est le plus grand bien à faire à ce jeune homme, de le laisser dans votre dépendance. Je suis, etc. »

(25) En 1781, une sentence du Châtelet admit les prétentions de Joseph, comte de Solar; mais, les parties adverses en appelèrent au parlement. On attendit la mort de l'abbé de l'Epée et du duc de Penthièvre, les seuls protecteurs de l'infortuné sourd-muet, et, après la destruction des parlemens, on porta l'affaire devant le nouveau tribunal de Paris; enfin, le 24 juillet 1792, un jugement définitif infirma celui du Châtelet, et défendit à *Joseph,* de porter à l'avenir le nom de *Solar.* Ce malheureux, se voyant abandonné de tout le monde, s'engagea dans un régiment de cuirassiers, et périt quelque temps après dans un hôpital. (*Biogr. univ.*)

(26) L'Empereur, qui, durant son séjour à Paris, ne trouva rien de plus digne de son admiration que l'œuvre de l'abbé de l'Epée, lui témoignait sa surprise de ce qu'il n'avait pas une de ces riches abbayes qu'on prodigue à des hommes inutiles ; il lui offrit d'en faire la demande au Roi, et, s'il y trouvait de la difficulté, de lui en donner une lui-même dans ses Etats. L'abbé de l'Epée répondit à ce Souverain, avec son ordinaire simplicité : Si, à l'époque où mon entreprise était déjà commencée avec succès, quelque médiateur puissant eût demandé et obtenu pour moi un riche bénéfice, je l'aurais accepté pour le tourner entièrement au profit de l'institution. Aujourd'hui, ma tête penche vers le tombeau ; ce n'est pas sur elle qu'il faudrait placer ce bienfait, c'est sur l'œuvre elle-même. Je vais finir ; il faut qu'elle dure, et il est digne d'un grand Prince de la perpétuer et de l'étendre pour le bien de l'humanité. (*Même Oraison funèbre. — Voyage de Joseph II.*)

Moins heureux que son successeur, l'abbé de l'Epée ne put jamais obtenir du Gouvernement l'adoption d'un établissement qui faisait l'admiration de l'Europe, et que plusieurs Souverains avaient imité dans leurs Etats. L'établissement actuel des sourds-muets fut fondé par l'Assemblée constituante, en 1791, et le décret fut sanctionné par le Roi. Déjà, quelques années avant la révolution, Louis XVI avait accordé pour cet objet 3100 liv., et une maison près les Célestins ; mais, la maison ne fut pas occupée par les sourds-muets. (*Biogr. univ.*)

Pendant le séjour du Souverain Pontife, à Paris, S. S. désira assister à un exercice des sourds-muets. M. l'abbé Sicard disposa ses élèves à recevoir le S. P. avec toute la vénération qu'inspiraient ses hautes vertus.

Le 23 février 1805, S. S. se rendit à l'Institution, accompagnée de cinq cardinaux, au nombre desquels était S. E. M. l'archevêque de Paris, un grand nombre de prélats romains, d'évêques et d'ecclésiastiques français, de fonctionnaires publics, de magistrats et d'étrangers distingués.

S. S., escortée par un escadron de grenadiers de l'Empire,

fut reçue par M. l'abbé Sicard, MM. Brousse-Desfaucherets, de Montmorency et Bonnefoux, administrateurs. Après avoir béni la chapelle de l'Institution, le S. P. se rendit à la salle des exercices, où un siége en forme de trône, surmonté d'un dais, était placé pour le recevoir. M. l'abbé Sicard prononça un discours, et développa les procédés de sa méthode. M. Bonnefoux, ancien supérieur de la congrégation de la Doctrine chrétienne, eut l'honneur d'offrir au S. P. une médaille d'or à l'effigie de l'abbé de l'Epée, et destinée à perpétuer le souvenir de la visite de S. S.

Avant de se retirer, le Souverain Pontife visita les divers ateliers. A l'imprimerie, il voulut bien mettre la main à la presse, et imprimer lui-même une feuille sur laquelle était un compliment en latin, adressé par les élèves imprimeurs.

Il serait difficile d'exprimer la profonde et religieuse impression que la présence du S. P. produisit dans l'âme des sourds-muets, ni de rendre le vif et tendre intérêt que S. S. éprouva et qu'elle daigna leur faire connaître.

(27) Le patrimoine de l'abbé de l'Epée était, suivant quelques personnes, de 7000 f. de rente, et suivant d'autres, de 14,000 f. M. de l'Epée ne dépensait que 2400 f. par année pour ses besoins personnels. Pendant l'hiver de 1788, remarquable par un froid excessif, il était sans feu. Ses élèves vinrent, les larmes aux yeux, le supplier de reprendre quelque chose sur ses dons pour acheter du bois. Le bon vieillard ne put résister à leurs pressantes sollicitations. Lorsqu'il les revit : Mes amis, leur dit-il, je vous ai fait tort de cent écus !

(28) *Même Orais. fun. — L'Abbé de l'Epée, drame.*

(29) M. l'abbé Sylvestre, venu de Rome sur les ordres de M. le prince Doria Pamphili, nonce du Pape ; M. l'abbé Storck, envoyé à Paris par l'empereur Joseph II ; M. ***, de Russie ; M. Ulric, de Zurick ; M. Dangulo, d'Espagne ; M. Delo, de Hollande ; M. Muller, de Mayence ; M. Guyot, de Groningue ; M. Michel, de Tarentaise, etc.

(30) *L'Art de faire parler les muets* a pris naissance en Es-

pagne; il s'est développé et fortifié en Italie, en Angleterre et en Hollande. Son triomphe a été en France, où le génie de l'abbé de l'Epée et de M. l'abbé Sicard l'a porté à sa perfection, non comme objet principal dans l'instruction des sourds-muets, ainsi qu'il l'avait été précédemment, mais comme un accessoire intéressant inventé pour augmenter, en faveur de ces infortunés, les moyens d'exprimer leurs idées.

(31) Le plus bel éloge de notre philosophe chrétien est celui que M. l'abbé Sicard a tracé dans le *Cours d'instruction d'un sourd-muet de naissance*. On lit avec admiration, dans cet ouvrage, tous les services que le savant successeur de l'abbé de l'Epée a rendus à l'institution qu'il a continuée. Ce cours, fait pour l'instruction du célèbre MASSIEU, son élève, est un chef-d'œuvre de conception et de talent.

Nous allons saisir l'à-propos de cette note, pour fixer l'attention du lecteur sur les trois élèves les plus distingués de l'Institution de Paris, MASSIEU, CLERC et BERTHIER.

MASSIEU, le premier, le plus ancien, le plus connu, est tout génie; il a l'insouciance et l'abandon d'un enfant; ses mœurs sont simples; une grande vivacité, à laquelle se mêle une légère brusquerie, ajoute un trait de plus à son caractère, sans être un défaut. Massieu, si l'on peut s'exprimer ainsi, est un diamant que la nature a mal taillé, mais dont l'éclat est éblouissant.

CLERC n'est pas moins extraordinaire. Il éprouve une privation de plus que ses malheureux frères, celle de l'odorat; mais, combien la nature l'a dédommagé de cette triple infirmité! Un discernement parfait, un goût exquis, une extrême facilité pour apprendre, un esprit juste, un cœur excellent: voilà ses principaux avantages. Il a le ton de la bonne compagnie. Dans un cercle de personnes distinguées, son silence semble être celui d'un homme méditatif et discret, qui préfère le plaisir d'écouter à celui de se faire entendre. Ses camarades l'appellent le *faux sourd-muet*.

BERTHIER, jeune élève de l'Institution, formé par les soins

de M. **Paulmier**, promet de marcher sur les traces de Clerc et de Massieu. Un air distingué, une figure intéressante, des manières agréables, préviennent en sa faveur, et font désirer le prompt développement de ses qualités morales, qui ne sont pas moins heureuses.

On va juger, par quelques définitions ou pensées, du mérite de ces trois intéressans sourds-muets. Elles feraient honneur, non seulement à des littérateurs distingués, mais encore à des hommes de génie.

Massieu.

— L'espérance est la fleur du bonheur.

— La reconnaissance est le souvenir du cœur.

— Une difficulté est possibilité avec obstacle.

— Le meilleur gouvernement est le gouvernement paternel.

— Examiner à fond une chose ou une personne, c'est la fréquenter de vue.

Clerc.

— L'espérance est l'attente du bien qu'on croit devoir arriver.

— L'ambition est le désir immodéré d'avoir encore après avoir eu beaucoup.

— L'abbé de l'Epée a inventé la manière d'instruire les sourds-muets, mais il avait beaucoup laissé à désirer. L'abbé Sicard l'a beaucoup perfectionnée ; mais, s'il n'y avait pas eu l'abbé de l'Epée, il n'y aurait pas l'abbé Sicard.

— Les sourds-muets ne sont point malheureux. Qui n'a rien eu n'a rien perdu, et qui n'a rien perdu n'a rien à regretter. Or, les sourds-muets n'ont jamais entendu ni parlé : donc, ils n'ont perdu ni l'ouïe ni la parole, et par conséquent ne peuvent regretter ni l'une ni l'autre. Or, qui n'a rien à regretter ne peut être malheureux : donc, les sourds-muets ne sont ni ne peuvent être malheureux. D'ailleurs, c'est une grande consolation pour eux que de pouvoir remplacer l'ouïe par l'écriture, et la parole par des signes.

Berthier.

— La clémence est un pardon magnifique.

— Un poète est un homme inspiré, qui fait des vers avec enthousiasme.

— La beauté est la juste proportion des parties du corps, avec un mélange agréable de couleurs.

— La vertu la plus nécessaire à un roi, c'est la justice.

(32) Ce serait le priver d'une grande partie de l'intérêt que peut inspirer ce travail que de ne point citer avec éloge un professeur dont le nom a déjà une honorable célébrité. M. Paulmier, attaché depuis quinze ans à l'Institution des sourds-muets, seconde avec une habileté rare M. l'abbé Sicard, dont il a su mériter l'estime et la confiance. Guidé par le génie des illustres fondateur et continuateur de l'institution à laquelle il a voué toutes ses pensées et tous ses momens, cet habile maître s'efforce d'ajouter à la perfection de cette œuvre admirable. Bien pénétré de l'esprit de ses modèles, il est parvenu à former particulièrement, outre le jeune Berthier, dont nous avons déjà parlé, deux élèves dont l'intelligence et l'instruction sont au-dessus de tout éloge. Heureux de leur avoir fidèlement enseigné la méthode des hommes célèbres dont il suit les traces, il a lui-même obtenu le succès le plus flatteur en les mettant en état de prononcer, non des mots incohérens, isolés, mais des phrases entières, claires, précises, dont ils sentent toute la valeur. Ces intéressans élèves et leur maître laborieux, présentés au Souverain, ont obtenu son auguste suffrage. (*Voyez les divers journaux de Paris, du 9 septembre* 1817.)

Faisons des vœux pour que l'heureuse tentative de M. Paulmier augmente son courage et son zèle, et qu'il soit honorablement récompensé de ses utiles travaux.

(33) M. l'abbé de l'Epée mourut le 23 décembre 1789, à l'âge de 77 ans. Son oraison funèbre fut prononcée le 23 février 1790, par M. l'abbé Fauchet, prédicateur ordinaire du Roi, en présence d'une députation de l'Assemblée nationale, du Maire de Paris et des Représentans de la Commune.

Cet hommage, que le Gouvernement d'alors rendit aux mânes d'un grand homme, n'était que l'expression de la reconnaissance de la Nation, et cette reconnaissance n'eût pas été bornée sans doute à ce seul témoignage, si la révolution, dont on ressentait déjà la première effervescence, n'eût exalté tous les esprits, et, quelques années après, ne les eût totalement égarés. Aujourd'hui, qu'un Prince sage et éclairé consacre par sa royale sanction les souvenirs chers à la Patrie; aujourd'hui, que l'œuvre de l'abbé de l'Epée est placée au rang des plus belles et des plus utiles créations de l'esprit humain, n'est-il pas permis de former un vœu qui, j'ose le penser, est dans tous les cœurs français, celui de voir le Gouvernement autoriser l'érection d'un monument public digne de la reconnaissance nationale, la Statue de l'Abbé de l'Epée.....

Certes, ce monument peut être élevé à peu de frais et sans qu'il soit besoin d'avoir recours à la munificence du Gouverment. Le don du riche, la plus modique offrande du père de famille, le denier de la veuve, suffiront pour cet objet. Eh ! quel est l'homme qui n'est pas douloureusement affecté en voyant dans la société ces infortunés dont la naissance a coûté tant de larmes à leurs malheureux parens ! Quel homme peut dire : Je n'éprouverai pas une semblable affliction..... Grâce au Philanthrope dont nous honorons la mémoire, le monde entier ne rejettera plus ces êtres disgraciés de la nature, ces victimes que les anciens dévouaient aux dieux infernaux et qu'ils leur sacrifiaient....

L'abbé de l'Epée a bien mérité du genre humain. Si la Religion ne permet pas de le déifier, elle ne défend point qu'on l'honore comme l'un de ses plus dignes interprètes, et comme l'un des plus grands bienfaiteurs des hommes.

Puisse la Société savante qui a proposé son Eloge, ouvrir une souscription pour l'érection de sa Statue !

FIN DES NOTES.